2019年河南省青年骨干教师资助项目，国家社科基金青年
时竞价广告的运作机制与实证研究"（项目编号：15CXW

中国实时竞价广告产业新发展
战略研究

Research on the New Development Strategy of Real
Time Bidding Advertising Industry in China

蒋洛丹／著

经济管理出版社
ECONOMY & MANAGEMENT PUBLISHING HOUSE

图书在版编目（CIP）数据

中国实时竞价广告产业新发展战略研究/蒋洛丹著．—北京：经济管理出版社，2022.9
ISBN 978-7-5096-8730-7

Ⅰ.①中…　Ⅱ.①蒋…　Ⅲ.①广告业—产业发展—研究—中国　Ⅳ.①F713.8

中国版本图书馆 CIP 数据核字（2022）第 175396 号

组稿编辑：赵天宇
责任编辑：赵天宇
责任印制：许　艳
责任校对：董杉珊

出版发行：经济管理出版社
　　　　　（北京市海淀区北蜂窝 8 号中雅大厦 A 座 11 层　100038）
网　　址：www. E-mp. com. cn
电　　话：（010）51915602
印　　刷：唐山玺诚印务有限公司
经　　销：新华书店
开　　本：720mm×1000mm/16
印　　张：13.25
字　　数：216 千字
版　　次：2022 年 10 月第 1 版　　2022 年 10 月第 1 次印刷
书　　号：ISBN 978-7-5096-8730-7
定　　价：88.00 元

前　言

本书自 2018 年着手篆写至出版，历时四年，在这四年中，我国的程序化计算广告产业已发生翻天覆地的革新并取得了卓越的成就，开创了我国互联网广告的新纪元。实时竞价广告（RTB）从广告需求、投放总量，到广告制作技术，再到广告发展速度、规模，远远超出了互联网广告产业的发展预期，因为实时竞价广告的程序化、计算化、流程化、数据化、非人工操作，以及瞬时动态化优于传统互联网广告包括搜索广告、合约广告等广告形式，成为互联网广告的主要广告类型之一。我国互联网广告市场具有巨大的市场容量和市场潜力，形成实时竞价广告的瞬时动态生产投放的产业链条对我国互联网广告市场来说，是弥补了之前互联网广告发展不足的进步之举，比如：合约广告无法精准瞬时探测受众的需求，从而造成广告资源的浪费；搜索广告虽然能够即时捕捉受众需求，精准定向投放广告，但是由于广告资源的竞争带来了广告伦理方面的种种问题。这就迫切需要广告技术的再提升，既能满足广告资源对广告主、用户、商家的精准对接，又能满足广告市场有序、公平、机制化的操作和广告资源尽可能的公正分配，保证产品交易市场和企业正常、高效、精准地广告投放，以完成市场现金流的快速流通和满足投资、收益的有效基准比例。

本书共分为实时竞价广告产业布局篇、实时竞价广告产业投放平台企业考察篇、实时竞价广告产业核心技术分析篇、实时竞价广告品牌战略整合篇、实时竞价广告产业融合分析篇，共五篇十六章内容，分别从产业布局、企业实际运营、产业核心技术、品牌运营及产业融合等维度全面剖析我国实时竞价广告产业目前的发展态势。实时竞价广告产业布局篇重点介绍了我国广告产业在大数据技术的推动下，广告产业的目前发展态势和未来的发展趋势，也分析了我国新媒体广告产业目前发展中的问题和试探性的解决方法。实时竞价广告产业投放平台企业考察篇通过对北京、上海、广州等我国大数据广告发展较为快速的重点区域的企业进行调研，得出了有关我国 RTB 广告目前发展的态势及真实状态，并从技术领域重点介绍了四类 RTB 广告投放商的技术优势和业务领域。实时竞价广告产业核心技术分析篇重点介绍了实时竞价广告的大数据技术基础以及运行流程。实时竞价广告品牌战略整合篇旨在对大数据广告的品牌战略实施进行探索性研究。大数据广告因为电子商务的兴起而繁荣，但是无论是大数据定向性广告投放还是实时竞价广告投放其实都还没有完全达到传统媒体广告对于品牌的重视程度，大数据广告的品牌内涵很多还是基于传统媒体广告品牌的理论内涵和实践经验，对于大数据广告品牌还没有做出系统的研究，也没有适合大数据品牌研究的基础。所以，本书将结合传统媒体广告的品牌内涵、价值、资产以及对大数据广告的运作流程来探寻大数据广告产品品牌内涵价值。实时竞价广告产业融合分析篇对实时竞价广告技术的不断开拓和业内融合进行了理论上的探讨，并在乡村振兴的实际环境时代研究基础上，通过对特色农业和特色农产品的研究，进行实时竞价广告产业和特色农业的对接探讨，以期丰富乡村振兴中产业振兴的内涵和价值。以上是对本书五篇的大致介绍和内容概要，以下对各个篇章进行逐一分析。

实时竞价广告产业布局篇主要阐释了两个重要问题：一是大数据技术自 2003 年开始在我国应用，经历了近 20 年的发展和不断改进，对于我国广告产业的发展有着重要影响和意义，尤其是在我国广告产业从传统媒体广告转型到新媒体广告这个重要的历史阶段，大数据技术起着重要的积极的"推波助澜"的作用；此外，针对我国国内外广告产业发展环境进行了阐述。本章还详细分析了中国广告产业的大数据技术发展过程中的问题和对策，对我国广告产业尤其是大数据广告产业的发展趋势做出了预判。二是介绍了实时竞价广告发展的历史和目前的发展状态，并介绍了实时竞价广告目前的发展状态及核心技术，为下文的介绍做了铺垫。

实时竞价广告产业投放平台企业考察篇通过问卷调研，重点考察了北京、上海、广州，以及西安、郑州、武汉等我国具有代表性的经济发达地区和中西部地区大数据广告的发展概况和实时竞价广告的实际广告收益以及广告效果的市场监测；并且通过这次调研总结出了四类实时竞价广告投放经销商，分别为媒体类RTB广告投放经销商、传媒数据综合类RTB广告投放经销商、数据类RTB广告投放经销商、计算广告类和短视频业务类广告媒体投放商。文中重点分析了这四类经销商各自具有代表性企业的核心大数据技术和技术优势，以及应用较为成功的案例。通过对我国实时竞价广告产业的实际调研，掌握了我国大数据广告的发展态势，尤其是地域经济对大数据广告产业影响力的分配。从上述的调研和分析可以看出，大数据广告尤其是实时竞价广告对我国广告产业的发展具有深远的意义，我国中西部发展地区的广告公司都在逐步使用大数据广告技术并进行广告效果的逐步提高，北上广发达地区在运用大数据广告技术的同时也致力于该技术的改进与进步，广告投放大数据化的优势已经被业内普遍认可并在可行的条件下逐步改善，所以我国广告业内的大数据技术已经成为不可逆转的趋势。

实时竞价广告产业核心技术分析篇重点分析了实时竞价广告中大数据技术基础，实时竞价广告交易平台的运作流程，以及程序化买方DSP运行机制三个问题，这三个部分的内容很好地阐释了实时竞价广告的技术支持和广告投放流程，其中大数据技术作为整个实时竞价广告的技术基础，更快更有效地完成了商家、广告主、消费者、媒体平台四者之间的角色转换，并随时产生广告收益与实现价值，使得市场资金流得以更快的流转和变换。实时竞价广告产业依托我国大数据产业的快速发展和不断升级改造，正在处于高速发展的运行态势。

实时竞价广告品牌战略整合篇是针对大数据广告未来发展方向的探索性篇章。实时竞价广告因其快速、便捷、无人为操作即可线上完成交易成为现代广告投放的首选，但是广告投放的内涵和实质离不开产品的内涵和价值，企业要进行长期可持续发展就必须进行品牌价值和文化的战略统筹，实时竞价广告虽然完成了广告资金流的快速变现，但是对企业的品牌建设还没有提上日程；虽然目前的原生广告已经开始对网络广告的品牌知名度进行传播和推广，但是还没有系统地研究大数据广告的品牌内涵。本篇将阐释大数据背景下实时竞价广告的品牌形象含义，重点阐释大数据广告品牌和成熟的品牌形象理念的不同点和相同点；阐释了网络环境下大数据广告品牌定位理念，以及实时竞价广告的品牌整合战略。这部分内容是理论上的初步探讨，借助了传统品牌战略的相关内涵，完成了对实时竞价广告品牌战略的初探；同时，也是对大数据广告中原生广告对品牌价值意义的关注进行了尝试性的探索。

　　实时竞价广告产业融合分析篇是本书对产业融合领域应用探索。首先阐述了在"四全"媒体环境下实时竞价广告的产业融合建构，介绍了实时竞价广告产业在新的媒介环境下，必须进行产业融合的新路径，不仅深度剖析了实时竞价广告发展的产业融合之路的本质和原因，也为实时竞价广告产业和其他产业融合发展提供了必要的理论依据。实时竞价广告产业布局助推乡村振兴战略是探索产业融合之路的一个方向，乡村振兴战略是我国强国兴民的重大战略，研究实时竞价广告产业对乡村振兴尤其是产业振兴的助力推动作用、主要特色农业电子商务的融合的示范作用，以及实时竞价广告对特色农产品发展的助推作用，从实时竞价广告的产业对特色农产品品牌的传播效果和特色农产品的销售效果进行了积极探索，并把我国农业产业的升级改造作为产业融合发展的必经之路。

目　录

实时竞价广告产业布局篇

实时竞价广告产业投放平台企业考察篇

实时竞价广告产业核心技术分析篇

实时竞价广告品牌战略整合篇

实时竞价广告产业融合分析篇

实时竞价广告产业布局篇

第一章 大数据驱动下中国广告产业发展

2016 年，随着中国市场经济的进一步深入和新《中华人民共和国广告法》的颁布与实施，中国广告产业以互联网广告为代表呈现出高速发展的态势，经营规模从改革开放初期的 1000 万元发展到目前的数千亿元，以超高速的发展态势迅速跨越了 4 个数量级。在摆脱了 2015 年全球经济下滑的趋势后，2016 年上半年中国广告支出增长 9.1%，广告服务业出口额 255 亿元，同比增长 63.4%，2016 年中国 GDP 增速为 6.7%，中国广告产业增长率为 9.1%，中国广告产业的快速发展充分显示了广告产业的动态活力与空间生存力，2016 年 CTR 媒介智讯显示，在移动通信、互联网、社交媒体的推动下，中国网络广告的增速为 18.5%，大大超过了传统媒体广告发展速度，中国广告业尤其是互联网广告在借助大数据技术后进入了一个空前活跃的时期，也表明中国广告产业即将以新的姿态展示在世界舞台。

第一节 中国广告产业国内外发展客观环境研究

中国广告产业的快速发展离不开整体有利的环境因素，环境因素是促进广告产业发展的客观因素，这是由广告产业特殊的产业结构即广告主广告代理商及受众三方协作的产业链条决定的，这就要求广告产业必须考虑广告产业的生存环境。环境因素主要包括宏观经济环境、国际贸易环境、产业政策环境、行业技术环境。

整体而言，中国广告产业的生存环境具有强大的助推力量，中国经济的稳健发展助推了广告产业的高速发展，各级政府和企业也大力推进广告产业的发展。多项指标显示，中国经济处于适度较快发展区间，物价基本稳定，居民收入增长，整体经济局面向好处发展，虽然目前中国经济增速放缓，但这正有利于像广告产业这样新兴的高新技术产业进行结构调整，改善广告市场的供求关系，缓解广告资源和物价上涨的压力，把广告产业的发展重点放在转变经济发展方式上，放在切实提高广告产业发展的质量和效益上，以保持广告产业的长期可持续发展。

目前，国际贸易环境仍然严峻复杂，不确定、不稳定因素增多，世界经济复苏基础并不稳固，增长速度缓慢且分化严重，经济结构性问题突出，国际竞争更加激烈，贸易保护主义抬头，全球经济前景总体不乐观。以 2016 年为例，世界经济低迷且分化加剧，发达国家的宏观调控政策加剧，带来了全球经济金融风险，国际贸易投资面临新变局，全球跨国直接投资（Foreign Direct Investment，FDI）的高增长主要由跨国并购而非绿地投资推动，投资的活跃并没有转化为生产能力的扩张，对贸易发展的带动作用较为有限，从国内贸易来看，中国的经济局势较好，但仍然面临着下行压力。外部总体需求依然偏弱，外贸竞争优势尚未完全到位，贸易摩擦影响更加凸显，中国遭受的国外贸易保护主义压力明显加剧。

对于广告产业而言，完善广告服务技术，增加广告出口，实施积极的广告进口政策，重点支持先进的技术和设备进口，扩大跨境广告营销、电子商务、市场采购贸易方式和外贸综合服务企业试点，支持企业建设境外营销广告和服务体系。我国广告产业的发展政策环境相对宽松，我国政府制定了一系列政策为促进我国广告产业尤其是大数据广告相关产业的快速发展，2016 年国家发展和改革委员会办公厅出台《国家发展改革委办公厅关于组织实施促进大数据发展重大工程的通知》《促进大数据发展三年工作方案（2016—2018）》等大数据产业发展配套政策，各个部委也相继出台政策用以扶植大数据广告产业的发展，说明大数据产业已经成为新兴重量型产业，为我国经济发展提供新的动力来源，产业改革和产能提升的话题也将重新提上日程。

目前，中国广告产业的技术大环境主要集中在大数据技术。大数据技术"将传统的平面媒介广告展位转化为消费者着力关注的注意力经济，发挥数据资产价值的最佳范式"，这也是中国广告产业转型升级的主要方面，传统广告产业发展在近五年内不升反降，网络广告发展速度惊人，但是随着融媒理念的广泛深入，传统广告产业的下滑速度逐渐放缓，而新兴互联网广告业则呈现新的变式，即向移动客户端和自媒体业务进行着力发展，网络营销经过高速发展初期之后，逐渐进入成熟发展阶段，终将落脚媒体的品牌与影响力，而中国整体广告产业生态将围绕消费者进行重构。对于广告产业而言，瞬时编程技术和大数据分析挖掘技术是其核心技术。2015年，中国大数据市场规模为1692亿元，占全球市场大数据总规模的20.30%，仍然具有强大的增长空间。由此可见，未来中国社会大数据产业及其相关技术将以超高速的发展态势迅速占领中国各个产业，在大数据技术应用较多的领域：比如电子商务、电信领域、政府公共服务、金融等领域都具有较大的市场吸引力，尤其是在市场营销领域将达到全样本空间，精准地挖掘消费需求；又如百度拥有中国最大的消费者行为数据库，覆盖95%的中国网民，搜索市场占比达到87%，使企业像装上了雷达系统一样对消费者进行精确的定位分析，从而可以随时调整营销策略。但是，目前中国大数据技术的发展也有相对滞后之处，比如大数据产业发展良莠不齐、数据的开放程度低、安全风险日益突出、技术应用创新滞后，消费者数据隐私安全的保障、大数据产业立法法规的制定等都有待进一步加强和规范，使大数据及其相关产业朝良性方向发展。

第二节　大数据技术趋势下中国新媒体广告产业发展现状

中国广告产业的发展从资产投入量到资产收益量可以分为两个量级：一个是传统媒体广告产业发展呈现快速下降趋势，伴随着融媒趋势，传统媒体广告的下降速度渐渐趋缓；另一个是以互联网为代表的新媒体广告产业发展呈稳定的上升趋势，新媒体广告按照广义的理论来讲，只要不是传统媒体的广告，就可以归类为新媒体广告，主要类型有：电子新媒体广告，以 PC 客户端、平板电脑为代表；户外新媒体广告、移动新媒体广告，以移动电视等为主要表现形式。从狭义上来讲，新媒体广告是指建立在数字化技术平台上的，不断更新的全新媒体介质的广告。各种新媒体广告的发展速度远远超越传统媒体广告，并成为中国广告产业发展新的动能点和主力军。

近五年来，受全球经济滑坡、传统媒体衰落、新旧媒体广告产业衔接不畅的影响，中国广告产业整体市场下滑也是预料之中。CTR 媒介智讯数据显示，2016年中国广告市场整体降幅-0.6%，传统五大媒体广告花费下降 6.0%，对整体的广告市场有着明显的降幅作用，电视广告的花费同比下降 3.7%，但是以影院、互联网、电梯为代表的新媒体广告则增幅稳定，对市场增长的带动作用进一步增强，特别是电梯电视、电梯海报、影院视频、互联网广告。2015 年电梯电视广告增幅 22.4%，电梯海报广告增幅 24.1%，影院视频广告增幅 44.8%，在移动互联网的推动下，中国互联网广告产业整体增长 18.5%。

根据上述数据，目前中国广告产业有两个明显的发展标志，一个是小众媒体广告发展迅速，另一个是与消费者关联密切的媒体广告尤其是接触度较高的媒体广告产业发展迅速。这也是构成目前中国广告产业格局的一个明显特点。以 2016年为例，中国快消品市场的双速前行趋势依然在持续，以平价类商品和中高端类商品为代表，消费升级和追求品质成为现代消费理念的刚需，唯有知名度较高和品质优良的品牌产品可以获得消费者的忠诚购买，这类消费品构成中国消费市场的趋势和广告市场的坐标。智讯中国城市居民调查数据显示，这类消费品人群的电梯媒体周接触高达 81.2%，互联网周接触率高达 92%，这也显示了快消品的广告主更愿意选择电梯媒体与互联网广告，更显示了中国快消品市场强大的消费潜力。

从新媒体广告的发展来看，综合我国消费品市场和整体国家经济运行状况，我国整体广告市场的传播格局正在重构，互联网广告的内容植入生产将是下一轮增长动力，地域性的新媒体广告生态环境特征明显。从 2016 年新媒体各种类型的广告发展状况来看，传播环境与传播格局发生了剧烈的变化。电梯媒体、影院媒体、移动互联网媒体在大数据产业的支撑下，使消费者以主动给予广告数据资讯的模式得以扩展化，消费者生活空间被透明化的模式重塑了传播生态环境。在我国，发达省份、发达城市的主流人群正在与电视传播渐渐远离，电视广告的受众已经偏向三、四线城市和欠发达地区，收视人群主要集中于经济欠发达地区而经济发达地区则收视率偏低，同时电视对于一、二线城市和收入较高的主流人群影响也在不断下降。主流人群的媒体接触习惯主要被微博、微信、新闻客户端、网络视频占据，但是信息量过大、信息数据的泛滥化使主流人群对广告业具有了强大的"免疫力"。对此，大数据的相关挖掘显示，用户对于媒体的主要认知是能够记忆内容的，但是对于广告却很难有印象，因此能够使消费者记住的品牌是需要做公关内容的植入创造具有传播效应的话题，尤其是对网络视频贴片广告，没有热搜的话题和传播力高的内容，很难引爆消费者对品牌的关注。

总体而言，中国新媒体广告产业发展是中国广告产业发展的中坚力量，随着传统媒体的衰落和与新旧媒体的逐渐融合，新媒体广告将发挥越来越重要的作用，分众化主动化的传播方式和渠道、创意话题内容的高效植入、消费市场的品牌形象公关策略营销、大数据精准化的消费者定位将是提升未来中国广告产业发展总量的四个重要因素，也标志着中国广告产业即将迈进一个全新的大数据技术覆盖时代。

第三节　中国广告产业的大数据技术转型情况研究

大数据从表面上来看是大量的、海量的数据，但是大数据具有数据体积大、数据类别大、数据价值密度低、反应速度快的特点，因而具有了强大的抓取、管理和处理数据集合的能力，作为大数据技术的营销广告应用模式，主要集中于获得数据、汇集数据、存储数据、运算数据、挖掘和分析数据，以及使用和消费数据领域。正是基于大数据独特的海量数据优势和处理数据的能力，互联网广告营销领域才可以以此为契机完成与消费者需求的有效互动和可视化精准营销展示的过程，从而彻底改变中国广告产业盲目投放广告追求短期收益，缺乏长期有效品牌形象支撑的局面。

在大数据技术趋势下，中国广告产业的产业链条的格局和形态正在发生着巨大的变化，在市场需求、行业供给、行业竞争、新媒体广告价格、用户体验方面正经历着前所未有的转型和变革。总体而言，2011~2016 年，新媒体广告在大数据技术驱动下市场消费规模不断扩大、市场的吸纳能力不断增强、消费结构不断改善，区域市场呈现多元化的趋势、需求不断增强；在大数据技术的驱动下，新媒体广告供给规模不断扩大、产业区域结构调整完善、产业投资热度增强、进出口业务销售额总量持续上涨；新媒体广告重点企业的数量不断增长、行业竞争的大数据技术化格局逐渐形成；新媒体广告价格的定价格局正在逐步形成；新媒体广告的用户需求也在向着多元化、定制化、精准化的方向布局。

1. 大数据技术趋势下新媒体广告形态的多元化、可视化、精准化转型

20 世纪 90 年代至今，中国互联网广告的地位越来越重要，根据艾瑞咨询 2005~2013 年的数据，中国互联网广告市场规模增速为 25%~35%，其广告产业形式也在发生着翻天覆地的变化，从单纯的图文展示到视频贴片，再到搜索，以及大数据技术下的程序化交易模式，中国的互联网广告产业结构发展大体经历了三个主要阶段：①传统媒体的泛互联网化，涌现出一大批互联网门户、视频和专业类垂直网站，以展示广告为主，按照 CPD（按天收费）/CPM（按展示收费）方式进行售卖；②搜索广告和网络广告联盟，以 CPC（按点击收费）方式按效果付费，精确指向用户需求，如百度联盟、淘宝联盟依靠中小企业的自投放迅速积累大量原始资本；③依托大数据的程序化交易，自动、实时、精准地定向交易，以展示广告为主，通过程序化交易的高速增长，展示类广告又将超越搜索类广告。经过这三个阶段，中国互联网广告产业依托大数据的"程序化交易+广告交易平台"，新型展示类广告成为互联网广告的主要支柱形式。

程序化交易是目前互联网广告中的主体形式，主要形式为实时竞价广告（Real Time Bidding，RTB），主要运行原理是当用户浏览某媒体资源时，该媒体将用户信息和广告位信息传送给广告交易平台，买方根据该用户信息，映射比对自己的大数据资源，通过用户画像、判断价值、决定出价等程序化方式进行购买，如遇多位买家可通过竞价方式决定归属。购买完成后，买家的广告内容出现在该媒体广告位。以上所有步骤在 0.1 秒内完成，消费者可以很快地在广告位中

看到符合自己特定需求的商品，而广告主经过竞价则可以在广告位中向有特定需求的消费者精准地展示自己的商品广告，减少了广告资源的浪费。大数据背景下的程序化广告的全自动化节省了大量的人力、物力，丰富的广告资源库存使新媒体广告市场更加多元化，全网络的运营模式解决了广告出售的问题，也可以通过网络平台的资源获得更高的竞价，对于消费者的精准把握节省了大量的广告资源，程序化广告的优势使越来越多的企业把广告预算投于此，也使程序化广告产业发展形成了良性的循环模式，在大数据技术改进和精准定位市场的维度上精益求精，从而促使了该产业生态系统的可持续发展。

　　新媒体广告是受众购买需求指向的发源地，利用受众搜索需求企业参与竞价较大程度满足了广告精准投放的需求；同时系统化进行媒介可视化展示，实现了广告资源买卖双方效率的提升和沟通流畅的切实需求。通过人群定向、主题词定向等精确定位方式，准确分析网民用户行为及合作网站页面的内容，利用竞价技术，公平合理地将最具竞争力的推广内容投放到合作网站相应的页面，为推广客户和广告主带来推广内容投放效益的最大化。网站用户通过点击该推广内容产生收入，网站主就可以从广告网络获得相应的分成。合作网站的初始分成比例大约是50%，之后会根据内容质量、流量、位置、合作时长等众多因素提高分成比例。广告网络需要精准的分析和投放技术，需要根据合作网站的内容、人群属性匹配相应的推广内容来进行定位展示，解决了传统广告投放80%资源浪费的历史终极难题。

　　2. 大数据趋势下新媒体广告产业格局转型已成定式：新媒体广告产业形态转型+新媒体广告产业链转型

　　大数据相对于传统数据的主体优势主要表现在数据量庞大、数据类型丰富、数据来源广泛等方面，这也标志着大数据产业在新媒体广告产业格局转型中扮演着重要的推手角色。根据呈现方式和技术实现的不同，新媒体广告按照展示方式和运作方式的不同可以分为品牌图文广告、搜索广告、视频广告和程序化交易广告等不同形式。新媒体广告产业格局转型就围绕这四种广告类型开展，主要可以分为两个脉络：主体是微观与宏观，主线是横向与纵向。从微观横向主体来看，新媒体广告产业形态转型主要是这四种新媒体广告的市场交易现状彼此升降；从宏观纵向主体来看，新媒体广告产业链转型主要是广告主、代理公司、互联网媒体各自在广告市场的中心位置的改变。

3. 品牌图文广告市场保持稳定，长期有下行趋势

从新媒体广告产业形态目前的发展趋势来看，总体趋势是品牌图文广告市场份额持续下滑，搜索广告和视频广告处于繁荣的发展时期，程序化交易广告在酝酿实力并将在未来广告市场中独占鳌头，这也显示了目前大数据技术在中国广告市场的巨大发展潜力和生存空间。总体而言，品牌图文广告的发展趋势是传统门户网站用户流量逐年下降，细分精准垂直网站成为新的业绩增长点。由于传统门户网站的用户流量进入平台期，品牌图文广告业务经历多年高速增长之后进入平稳期。另外，广告主开始寻求视频和搜索等多元化互联网投放手段，预算的平衡支出使品牌图文广告投入占比减少。一组数据表明，2013 年品牌图文广告市场规模达到 264.1 亿元，同比增长 16.3%，低于整体展示类广告的增长，而在互联网广告中的份额由 2008 年的 47.4%下降到 2013 年的 24.8%。这充分说明了品牌图文广告的发展呈下降趋势，四大传统门户（腾讯、新浪、搜狐和网易）网站由于具备行业顶尖的品牌度和用户黏性，行业集中度较高，占据了品牌图文广告的大部分利润份额，增长速度也超出了原有的图文广告增速。由于互联网经济拥有较低的进入成本，大量的图片、文字转载不需要花费太多购买版权的费用，专业垂直类网站依托汽车、房产、娱乐、旅游等热点细分领域，凭借专业精准的用户关注度和把控，获取大量细分行业广告投放，取得了超越传统门户网站关注度的高速增长，逐渐成为品牌图文广告发展的驱动力量，这也是品牌图文广告近年来仍可以保持相对较高增速的原因。

4. 网络视频广告市场正值发展高峰期，优势凸显

网络视频广告经历了近五年的高速增长期，这是互联网多年市场培育的结果，用户使用习惯及使用频率已经成熟，广告主更加认可网络视频贴片广告的投放效果。网络视频贴片广告的发展主体受三个方面的影响：一是硬件条件改善的影响，网速提高使用户体验更好，使用意愿增强；二是我国影视产业高速发展，大量原创性作品以首发、网络直播的方式呈现，带动了网络视频广告的发展；三是视频网站采用新媒体的多屏互动接收策略，在各种电子媒体移动端都能呈现视频贴片广告，从而大大增加了用户接触网络视频广告的机会。据艾瑞咨询 2016 年监测数据表明，在中国不同形式的网络广告中，视频广告占比首次突破 10%，

这与视频网站在网络营销方面不断创新，多样的优质视频内容不断增多使营销需求更加多元化密不可分，网络视频广告越来越凸显其优势。

5. 搜索广告市场占比最大，长期呈现平稳趋势

搜索广告目前正处于互联网广告发展的成熟时期，占有互联网广告收益最大的份额，在高速发展阶段过去之后，将会逐渐趋于平稳或呈下行趋势。根据艾瑞咨询 2016 年数据，搜索广告规模占比仍然最大，为 33.0%，但与 2015 年同期相比，份额有所下降，这充分显示了这一规律的发展趋势。搜索广告是按点击效果付费（Cost Pre Click，CPC），免费展示推广信息，有需求的用户点击推广链接时才计费，无点击则不收费，其主要通过竞价排名实现。搜索广告的排名与关键词出价、关键词质量度直接相关。搜索广告的关键词搜索成为许多企业，尤其是中小企业营销的最重要推广手段。为了获得较靠前的排名，广告主必须每次点击支付不菲的费用，也由此催生了不正当竞争。根据 2016 年艾瑞咨询数据，中国搜索引擎企业收入规模同比增长放缓，但增速依然可观，2016 年中国搜索引擎企业收入规模为 197.7 亿元，环比降低 13.6%，这主要是由正常季节性因素导致的。与此同时，同比增长率为 26.4%，整体企业收入规模的同比增速与前几个季度相比放缓，但依然保持了较高速的营收增长水平。

6. 程序化交易广告潜力巨大，大数据技术应用日渐普及，但整体行业尚需规范

程序化交易广告是目前网络广告发展最快，大数据技术运用最多，最有潜力的广告形式，是展示型广告发展的未来，未来五年的复合增长率高达 100%。媒体服务平台（Supply-Side Platform，SSP）的盈利模式是基于网站主的收入提成。这种方式效果很好，因为让 SSP 与网站主拥有共同的动力，从而结成联盟。网站主赚得越多，SSP 赚得也越多。SSP 致力于服务好网站主，因此这种联盟的关系非常稳固。需求方平台（Demand-Side Platform，DSP）主要是收取服务费用；在承诺客户既定效果的情况下，对超额完成客户效果的部分收益收取一定的奖励费用；DSP 可以通过给客户提供用户数据管理服务收费，其可以在投放时为客户管理、维护其目标客户，再用于每次的投放以及每次投放后的用户数据优化，并且按月提供用户的数据分析报告，指导客户的广告投放，无论哪个环节，最终以精准营销的方式产生广告溢价从而获得利润，也标志着大数据技术对用户需求的深

入探索，势必改变中国的互联网广告盈利模式。但是自 2014 年以来，中国 DSP 行业迅速增长，广告平台、媒体等参与方众多，广告主对于 DSP 行业不断更新的技术理念认知不够充分。目前，整个 DSP 行业发展时间短，产业发展环境越来越复杂，行业生态圈尚未完善，呈现出挑战与机遇并存的态势。在广告交易平台方面，服务器响应能力、反作弊技术成熟度不够。此外，行业标准化程度有待提高，如广告尺寸、需求方平台接口、数据管理平台（Data Management Plat-form，DMP）数据标签化分类。在 DMP 方面，当前国内缺乏正式的第三方独立 DMP，以私有 DMP 为主，数据孤立。缺乏明确的法律法规，数据的收集及归属权限不明，进行数据整合与交易存在一定的政策及法律风险。另外，公众对于数据共享及分析的接受程度有限，质疑 DMP 侵犯隐私。这些都是程序化交易目前存在的各种问题，要想得到长足发展，需要尽快完善相应的法律体系和数据共享技术及规定。

7. 新媒体广告产业链：广告主偏爱视频广告、代理公司竞争加大、互联网媒体合并频繁

以上是新媒体广告产业形态的转型趋势，在大数据背景下新媒体广告产业链也在发生着悄然的变化。目前中国互联网广告的产业链条可以分为广告主、代理公司、互联网媒体三个部分，一般而言，广告主每千元广告费用中，互联网媒体营收占比为 70%~80%，代理公司营收占比为 20%~30%，大量的网络流量集中流向优质媒体，随着用户对互联网媒体的信任和依赖加深，互联网广告预算大幅增加，搜索广告和视频网站广告成为广告主的挚爱。根据 eMarketer 2016 年数据，2016 年中国互联网广告支出超过 400 亿美元，年增幅达 30%，其中移动视频广告增长尤为显著，这说明了互联网广告在产业形态上的转型。互联网流量向优质媒介集聚，互联网媒介的规模效应正在凸显，其市场集中度明显增高，顶级优质媒体网站占据了互联网广告的大多数收益，以 2016 年为例，搜狐汇算、新浪扶翼、腾讯广点通、腾讯智汇推、小米、粉丝通、今日头条、搜狗、神马、百度贴吧和其他一些综合类网站媒介占据了互联网广告市场 70% 以上的资源。目前，中国广告代理整体行业集聚度不高，竞争激烈，平均服务广告主时间较低。根据艾瑞咨询 2016 相关数据，中国广告代理公司和广告主之间的关系极不稳定，平均合作时间是 3.1 年，远低于世界平均水平的 4.8 年，这说明了广告主的营销成本

和竞争的压力导致频繁更换广告代理商，整个行业局势严峻。中国广告代理商的互联网广告业务正在逐年增加，未来发展空间巨大，并逐渐成为业务主流趋势。同时，按照国际惯例，广告主与代理商之间的结算方式是按照媒介投放费用15%的佣金比例，但是现在中国市场最主流的付费方式是月费制，广告主按照一年的工作量每月支付给广告公司相同的数额。与此同时，由于具备了较强的综合实力和激烈的市场竞争环境，中国广告代理行业并购这频发，也反映了广告代理亟须行业内资源互补，整个广告代理产业亟须形成规模竞争优势。

综上所述，中国新媒体广告产业在大数据技术的驱动下，整体行业正在由互联网前时代向互联网后时代转型，其中新媒体广告产业形态逐渐统一化、明朗化，由之前的品牌图文广告市场引领的主流市场向搜索和视频广告转型，而程序化交易广告是未来互联网广告的主体力量，大数据是推动新媒体广告产业形态的主动力源泉。新媒体广告产业链条也在大数据背景和广告产业形态的变化之下，产生实质性转型格局，广告主将目光更集聚于搜索和视频广告，广告代理公司在竞争中寻找新的突破口，广告主与广告代理商的关系受利益驱使日趋不稳定，行业内的并购成为主流，这充分说明了未来的新媒体广告市场空间巨大，并将成为新一轮投资的热点。

第四节　中国广告产业的大数据技术转型的对策研究

根据以上对中国新媒体广告产业形态和新媒体广告产业链条的转型分析，我们提出针对目前中国广告产业发展的两条转型对策：一是在维护原有互联网广告产业形态的情形之下，改善新媒体广告的生态环境，借助大数据技术，继续大力发展程序化交易广告；二是完善广告产业链条，继续深入推行广告代理制度，确立广告公司在广告产业链条中的主体地位，改善广告公司的经营理念，制定差异化竞争策略，逐渐改变"强媒体，弱公司"的市场竞争环境，加快中国广告产业走向全球市场竞争的步伐。

1. 继续公开需求方平台（DSP）交易，鼓励私有平台开放，促进大数据广告产业链形成

需求方平台，是为广告主、代理商提供一个综合性的管理平台，通过统一界面管理多个数字广告和数据交换账户，是程序化广告交易的重要环节。DSP 通过对数据的整合及分析，实现基于受众的精准投放，以程序化购买的方式，接入众多媒体资源，帮助广告主进行跨媒介、跨平台、跨终端的广告投放，并对广告投放效果进行实时监测及优化，基于 DSP 平台的卓越精准的投放性，对于 DSP 需求方平台的建立和完善基本上成为大数据背景下广告产业链条升级的标志，要想提高大数据技术在广告产业中的运用和普及，提升广告产业的效率，主要从四个方面进行：

第一，国家制定相应的政策来规范程序化交易市场以及广告交易平台的标准，尤其是数据收集归属权限的确定，数据整合与交易的政策法规的制定，并将其列为国家法律法规以此来规范行业发展。行业内也可以制定相关的政策来推动品牌安全和程序化交易广告的可见性验证工作，比如 2017 年 5 月，由中国无线营销联盟（MMA China）品牌安全与流量质量标准小组发布的《移动互联网广告可见性验证标准 V.1.0》《移动互联网广告品牌安全验证标准 V.1.0》和《移动互联网广告无效流量验证标准 V.1.0》三大标准成为目前互联网广告交易标准的规范，为整体产业的发展起到了积极的规范作用。

第二，从适合的行业来看，在金融行业和快消品行业可进行推广，实行以行业带动行业的发展模式。近年来，广告主对于 DSP 行业表现出极大的兴趣，以效果类广告主和面向消费者高度竞争的品牌类金融和快消广告主最为积极。目前，我国资本市场最活跃的领域还是金融业，由于 DSP 投放广告可以更加精准地满足不同理财需求的受众，所以 DSP 需求方平台对于金融业广告主在传统的金融业银行、保险、基金、证券、信托，以及 P2P 互联网小贷企业都能发挥最大效益。对于快消品广告主而言，由于快消品市场资金流动快，广告主在市场营销费用预算上比重可适当加大，DSP 需求方平台技术能够主动划分细分市场，面向消费者定向划分，能够给广告主更多自主投放的机会，有利于其提高投资回报率。

第三，完善 DSP 需求方平台技术，整合第三方私有数据供应商，形成规模

产业化链条效应。DSP需求方平台拥有强大的数据管理平台，在受众购买、程序化购买、广告效果监测及优化等主要功能方面拥有独特的优势，在国内市场中，独立第三方DSP需求方平台角色相对不足，但是拥有分散的数据提供商，各自与广告主合作，并没有形成DSP的产业链条，第二方DSP在国内基本可以满足广告主精准投放的需求，所以整合完整的第三方DSP数据供应商系统是未来大数据广告产业的最有效途径。

第四，国家制定相应的媒介商业化的应用政策，开放更多的媒体库给程序化交易平台，提供更多的程序化媒介使用途径，完成媒体向程序化购买的转型，主要的方式是针对不同资源储存类型，媒体将其放入不同的储备资源库中，通过自有的平台或外部的平台，采用非程序化购买以及不同类型的程序化购买方式进行差异化的交易，实现资源优化配置。加快跨屏类程序化购买平台发展，未来三维终端的数据终将融合，使数据供应商在技术和数据量上适应行业发展，国家建立行业标准化的数据交换机制后，彻底实现公共数据交换和共享。

2. 广告产业链：资本市场继续布局互联网，广告公司的生产力、生产关系、生产技术三者需转型整合以适应发展需要

互联网广告是广告市场增长最快的领域，广告主越来越认可互联网广告的传播效应，因此广告资本市场的布局在未来相当长的一段时间还是在互联网市场，此后未来五年互联网广告将继续保持25%～35%的增速，极有可能超越电视成为第一大媒体，行业内外投融资和合并的现象将继续出现，风险投资机构对互联网广告的兴趣在短期内不会下降，而且布局会越来越大，这正是我国互联网广告发展的好时机，面对此种情况，广告产业链中重要的一环——广告公司也需要做出及时的转型，以满足市场竞争需要，其主要从以下几个方面来进行：

第一，根据我国政府对大数据产业的布局构建，大数据的精准营销技术可以被广泛地应用于广告技术公司（如DSP、SSP、DMP等相关公司），由大数据技术改变互联网广告的生态环境，增加广告公司的弹性生存空间。

第二，我国广告公司内部经营管理改善是提升整个广告产业发展速度的有效途径。创意优先是品牌选择广告公司代理的重要标准，广告公司不能选择已有品牌的竞品品牌进行广告权代理，同时要提升广告公司的媒介谈判能力和规划购买能力，因为较高的媒介谈判能力和规划购买能力意味着帮助广告主以更低的价格

获得更多更好的媒介资源，从而增加自身的竞争能力。但是由于 Google、Facebook、Twitter 等技术公司越来越具有媒介的属性，在数字化营销环境下，这些技术企业对广告产业的影响力越来越大，媒介谈判不再是关乎最好的折扣和广告位的选择，更是包括了广告营销专业技术的服务和消费者数据，所以大数据技术对广告公司的创意、品牌代理业务、媒介策划以及营销优化都产生了深刻的影响，广告公司内部经营管理的改善将提高对此变局的应变能力，以此增加市场竞争力。

第三，国家出台相应政策鼓励增加拥有优质媒体资源和高用户黏性的互联网广告公司，依靠其庞大的客户资源、数字化全案营销能力和天生的持续外延发展思路，实现整体广告产业业绩的高速增长，并积极推动其上市融资，伴随互联网广告市场的高速发展，其融资速度与资产增值速度将会快速提升，从而为互联网广告公司在技术革新和经营管理改善方面提供充足的资金来源。国家鼓励此类互联网广告公司的发展，实际是在广告生产力和生产关系的相互制衡中找到最好的平衡点，目标是促进整体广告产业的发展。

综上所述，我国的广告产业发展在宏观方面离不开国家整体经济的快速发展，尤其是互联网技术革新和新兴行业投融资方式的渗透，将资金资本、技术资本、人力资本以前所未有的方式进行了大整合，我国广告产业发展速度很快，整体广告费用投入量每年增速达 30%以上，充分证明了我国广告产业尤其是互联网广告产业巨大的活力与潜力，尤其是近几年我国为了把大数据产业作为经济发展的新增长点而制定了一系列促进大数据产业发展的政策措施，并使大数据产业链条和我国其他各个领域的产业进行融合发展，这就使大数据技术在广告产业中将发挥着越来越重要的作用，同时将为我国广告产业的转型发展提供新的开局思路，为此我们拭目以待。

第二章　实时竞价广告发展综述

　　实时竞价广告是在线媒体上投放广告的一种形式，在大数据领域也属于计算广告的一种形式，是互联网和大数据技术普及应用的产物，实时竞价广告第一次真正大规模、自动化地利用数据来改善广告费用的投入和广告盈利，同时第一次实现了广告以人群为投放目标、以产品为导向的技术性投放模式，依托互联网为客户提供免费的广告产品，也为媒体信息生产和传播提供了规模化收益变现的手段。传统广告主要指的是电视、报纸、杂志、广播四大媒体广告，而新媒体广告其实泛指的是与互联网技术有关的一切媒体的广告类型，主要包括四大基本类型：个人客户端，如个人电脑；移动客户端，如手机；交通客户端，如公交车、地铁；楼宇客户端，如楼宇广告和公交站滚动广告。实时竞价广告为新媒体广告提供了更为精准、便捷和快速的收益与展示效果，主要体现在：①实时竞价广告规模化地将用户行为数据转化为可衡量的商业价值并提供了完整产品线和解决方案，除现在的服务收费项目，实际创造了互联网行业的大部分收入。②实时竞价广告孕育和孵化了较为成熟的数据加工和交易产业链条，并对其中的用户隐私边界深入探讨。③由于有了商业上的限制条件，实时竞价广告的技术和产品逻辑比单纯的个性化系统更加复杂、周密。由此可见，实时竞价广告相比于传统媒体广告在产业经营、消费者把控、特殊需求方面更可以使广告主得到满足，逐步实现整个广告市场的平衡和不断发展。

第一节　实时竞价广告的发展历史

实时竞价广告是在大数据背景下发展起来的网络广告的一种类型，主要是和大数据技术的发展相伴相生。大数据挖掘技术的核心存在意义是人的唯一性标识、受众数据及来源以及大数据管理平台。人的唯一性标识是决定大数据挖掘具有意义的根本因素，它决定了大数据挖掘信息的唯一性、特殊性和定向性；受众数据是决定大数据技术的基础资源——海量数据的根本因素；大数据管理平台是技术因素，是决定调配数据和使用数据、利用数据创造价值的手段。有学者对大数据的特性做出了阐述，即规模（Volume）、多样性（Variety）、高速（Velocity）、价值（Value）[1]，凸显了大数据的特点与应用范围。

由于大数据的这些特点正好吻合了广告产业的性质，所以广告产业在传统的互联网广告的基础之上，兴起了对实时竞价广告的大量需求。其实这也和广告原本的定义与目的是一致的。"广告是由已确定的出资人通过各种媒介进行的有关产品（商品、服务和观点）的，且通常是有偿的、有组织的、综合的、劝服性的非人员信息传播活动。"[2] 美国市场营销协会（American Marketing Association，AMA）对广告的定义是：由明确的广告主在付费的基础上，采用非人际传播的形式，对观念、商品或劳务进行介绍、宣传的活动。无论是学者的定义还是专业协会的定义，都是在互联网技术普及之前，广告的界定在以下三个方面：①明确的出资人即广告主（Sponsor）；②明确的媒介信息传递的方式（Medium）；③广告的本质是信息传播活动（Information）。在以上的定义中，我们能认识到受众是完全被动地接收信息传播的，在传统意义的广告市场上，需求方（Demand）和供给方（Supply）是不变的主体，在这个市场中，需求方是广告主（Advertiser）、代表广告主利益的代

---

① MAYERS V，CUKIER K. Big Data：A Revolution That Transforms How We Work，Live，and Think ［M］. Boston：Houghton Mifflin Harcourt，2012.

② ［美］威廉·阿伦斯. 当代广告学［M］. 丁俊杰，程坪，陈志娟，等，译. 北京：人民邮电出版社，2013.

理商（Agency），供给方可以是媒体或其他广告形态变现的平台。值得注意的是，广告的参与方——受众，是完全被动的，由此可见，出资人、媒体和受众这三者的利益博弈关系是广告活动永远的主线，这一主线将贯穿商业和产品形态的整个演化过程。这两个定义也阐明了广告必须是有偿的、非人员的信息传播活动，体现了广告是传统媒体时代商品变现的主要手段和方式。

在传统媒体时代，广告的目标有两个：第一，广告主希望借助媒体的力量来快速接触大量的客户，达到品牌宣传的目标，以提升利润和促进客户的长期购买行为，从而形成品牌传播的目的。第二，广告商也希望能利用广告手段马上带来大量的购买或其他转化行为。大量的实践表明，传统广告在大量投送和优化效果广告的能力方面是有限的，因为对短期广告效果的追求要求广告能够精准地送达目标人群，而这在传统媒体上缺乏有效的技术手段。这主要有两个方面的原因：一是数字媒体的特点可以让广告主低成本地投放个性化广告；二是一些在线服务，如搜索、电子商务，由于可以更清楚地了解用户的意图，也就使广告效果的优化更加容易。

随着互联网技术的普及，传统广告的作用和目的也发生着巨大的变化，从短期追求单纯的利润，逐渐向品牌和效果功能两个方面转化。显然，在传统媒体中因为传统媒体的覆盖率过于宽泛，使广告直接效果不佳，广告的这两个功能是很难发挥的。所以，互联网广告行业的高速发展主要是效果广告市场带来的巨大红利。从表2-1中可以看出以下几个方面的发展特点：美国作为世界最大的广告生产商和广告消费商，在2007~2013年网络广告的市场规模逐年增加、增长幅度逐年提高。电视广告在短暂的下降（2008年和2009年）之后，广告市场容量迅速上升，见证了电视媒体与网络快速融合的过程，不过较2007年也基本持平，所以网络媒体对传统媒体的冲击是相当严重的；报纸广告则毫无疑问地呈逐年下降趋势，这也是时代的趋势。与美国起伏不定的广告市场对应，中国的广告市场发展比较平稳，呈现了互联网媒体发展的潜力与实力，中国的电视广告融合互联网技术是比较平稳的，市场没有太大的起伏，这主要得益于我国对媒体发展的政策性和行政性的干预，国家调控广告市场的发展导向，所以我国的宏观调控政策是有成果的。对于互联网技术的普及，我国的广告市场发展政策是融合与发展的导向，所以我国网络广告和电视广告的发展呈逐年上升的趋势。

表 2-1　2007~2013 年中国和美国主要广告市场规模　　　单位：亿美元

国家	广告类型	2007 年	2008 年	2009 年	2010 年	2011 年	2012 年	2013 年
中国	网络广告	17	27	33	52	83	122	179
	电视广告	97	114	127	153	182	207	212
美国	网络广告	212	234	226	260	317	366	428
	电视广告	719	394	359	401	685	721	745
	报纸广告	486	344	246	228	207	194	180

资料来源：根据 2003~2015 年中国、美国网络广告行业报告数据汇编总结而成。

　　从表 2-1 中国和美国主要广告市场的对比来看，网络广告的市场容量是逐年增加的，除互联网技术普及的原因外，其实跟广告的概念是一致的，"广告的根本目的是广告主通过媒体达到低成本的用户接触"[①]，按照这个定义，广告的根本目的就是广告主有目的地接触特定用户，使用相应的媒体渠道，影响潜在用户，使他们选择广告主产品的概率增加，增加其产品的市场竞争能力，并尽快转化为资金流，带动市场活力，但是如果仅以转化效果为目的，由于中国和美国市场意图或媒体性质不同，并不是直接可比的。广告的低成本是与那些由市场销售人员完成的劝服活动成本相对而言的，实际上是广告搭上了媒体流量和影响力的"便车"。其实，计算广告成本需要一个指标，就是 ROI（Return On Investment）这一评价指标，ROI＝年利润或年均利润/投资总额×100%，从这个评价指标可以看出，年利润和投资总额与成本息息相关，对于广告而言，就是某次广告活动的总产出和总投资的比例。但是，广告不像其他产品，它的收益是持续性的，并不是只在短期内立竿见影的销售额，其更加注重品牌资产积累的长期收益，所以 ROI 在某种程度上很难满足广告收益精准计算的要求，只能从某个特定的时间环境进行广告活动收益的一次性运算。在互联网环境中，广告的本质虽然没有变化，但是由于大量直接效果需求的产生，其表现形式越来越丰富和灵活了。随着规模化和定制化产品生产的实现，广告本身信息传播的作用将发挥到最大化，以信息传播衍生出来的产品和服务通过付费的方式产生了市场价格与竞争，富媒体广告、门户横幅广告、搜

　　① ［美］威廉·阿伦斯. 当代广告学［M］. 丁俊杰，程坪，陈志娟，等，译. 北京：人民邮电出版社，2013.

索竞价排名、软文广告，甚至网络游戏也渗透着广告的影子，所以我们可以这样说，互联网广告是产品生产力发展的产物，是规模经济的产物，是信息传播技术得到长足发展的产物。在互联网时代我们可以得到共识的是对新型广告形式的一致体验，在互联网新媒体的形式下，广告的概念有了一个全新的共识：一切付费的信息、产品或服务的传播渠道，都是广告。这个定义直接界定了新的广告定义，范围更加明显，"付费、传播"成为关键词，当然，这个定义将自媒体广告划出了范围，因为自媒体广告对于付费的概念是不明晰的，其充满着个体概念，所以对于大规模的产品生产与信息传播来讲，这个广告新定义是本质可行的。

第二节　线上广告的类型及特点

通过上面的分析，随着互联网技术及其衍生技术的普及，实时竞价广告的产生和发展并非一蹴而就，而是随着互联网技术和信息传播生产力以及人类社会对信息的种类、分工以及特殊性的需要而逐步产生和发展的，首先通过互联网发展起来的就是在线广告。在线广告从广义上讲，指的就是广告代理商能从以互联网技术为基础的信息传播媒介获得佣金（代理费）的广告形式；从狭义上讲，指的就是互联网广告。线上广告是实时竞价广告的萌生阶段，实时竞价广告是在线上广告的发展下产生的，对比传统线下广告，在线广告更加注重品牌形象（Brand Image）、品牌价值（Brand Value）的灌输和铸造品牌推崇度（Brand Preference）。在品牌研究的领域中，这些内容都需要长期的积累和沉淀，所以线上广告更加适合企业的长期建设，而线下广告更加注重消费者的感受和反应，期望在短期内达到销售的目的。线上广告对市场的反应速度会相对慢一些，需要数据性的采集和挖掘，但是对市场的把控相对比较准确，在线上广告的执行方面，因为其复杂多变的环境而需具备更广泛的制作要求条件，譬如店内销点设计除了材质、距离、体积等，还需对人类行为学、空间设计学、光学甚至对人类感官（听、嗅、视、触、味）等的总体刺激，尤其是现在人工智能的逐渐普及，更加强了线上广告对消费者感官认知的提升。

线上广告拥有很多传统广告不具备的优势，其主要有六大优势：第一，品牌推广。网络广告主要的效果之一就表现在对企业品牌价值的提升，主要体现在用户浏览不点击网络广告同样会在一定时期内产生效果，只要用户注意到广告并产生一定的印象。在所有的网络营销方法中，网络广告的品牌推广价值最为显著。同时，网络广告丰富的表现手段，如音频、视频及人工智能、VR 等技术也为更好地展示产品信息和企业形象提供了必要条件。第二，网站推广。网站推广是网络营销的主要职能，获得尽可能多的有效访问量也是网络营销取得成效的基础。网络广告对于网站推广的作用非常明显，通常出现在网络广告中的"点击这里"按钮就是对网站推广最好的支持，网络广告（如网页上的各种 BANNER 广告、文字广告等）通常会链接到相关的产品页面或网站首页，用户对于网络广告的每次点击，都意味着为网站带来了访问量。因此，常见的网络广告形式对于网站推广都具有明显的效果，尤其是关键词广告、BANNER 广告、电子邮件广告等。第三，销售促进。由于网络广告多种展现形式和多样的吸收方式，已成为影响用户购买行为的因素之一，尤其是当网络广告与企业网站、网上商店等网络营销手段相结合时，这种产品促销活动的效果就更为显著。网络广告对于销售的促进作用不仅表现在直接的在线销售，也表现在通过互联网获取产品信息后对网下销售的促进。第四，在线调研。网络广告对于在线调研的价值可以表现在多个方面，如对消费者行为的研究、对于在线调查问卷的推广、对于各种网络广告形式和广告效果的测试、用户对于新产品的看法等。通过专业服务商的邮件列表开展在线调查，可以迅速获得特定用户群体的反馈信息，大大提高了市场调查的效率。第五，顾客关系。网络广告所具有的对用户行为的跟踪分析功能为深入了解用户的需求和购买特点提供了必要的信息，这种信息不仅成为网上调研内容的组成部分，也为建立和改善顾客关系提供了必要条件。网络广告对顾客关系的改善也促进了品牌忠诚度的提高。第六，信息发布。网络广告是向用户传递信息的一种手段，因此可以理解为信息发布的一种方式，通过网络广告投放，不仅可以将信息发布在自己的网站上，也可以发布在用户数量更多、用户定位程度更高的网站，或者直接通过电子邮件发送给目标用户，从而获得更多用户的注意，大大增强了网络营销的信息发布功能。

　　线上广告伴随着网络技术和产品的不断发展，拥有诸多类型，与用户接触的创意形式也有多种多样的选择，根据用户创意类型及投送方式和用户交互方式等划分类型，线上广告主要分为以下七种类型：①横幅广告；②文字链广告；③富媒体广告；④视频广告；⑤社交广告；⑥移动广告；⑦邮件定向营销广告（Email Direct Marketing，EDM）。除以上形式的线上广告，还有一些是付费推广类商业产品的广告也被认为是广义的广告产品，综观不同的线上广告形式，这种广告相对于传统广告而言，在互联网上的表达可谓类型多样，表现力十足，其主要特点有：①类型多样，快速灵活。比如横幅广告大多数不是静止的广告，而是通常采用 Flash 或其他技术方式实现的动态素材，整个广告充满了动态之感。②消费者接受程度更高，更快捷方便地找到需要的广告。比如文字链广告，广告投放引擎可以灵活决定是否投出该文字链广告，以及投出的条目数。专业分类的文字链广告，则更加凸显了其特定的关注人群，此时线上广告已经具有了精准定位的雏形。③广告主需求满足程度高，交互形式复杂。线上广告通常利用互联网技术为某个品牌广告主提供专门定制的、满足其特定要求的广告，这种广告一般不采用按人群投放的逻辑，其更加注重创意的视觉及听觉冲击力和交互形式的特色，甚至是人机互动和人工智能的充分使用。④价格虽然较高，但视觉冲击力和表现力较强，广告的时间安排也比较灵活，比如视频广告，可以采用前插片、后插片、暂停等形式，由于载体的特殊性，其效果和广告创意可以远远超越电视广告的传播效果。⑤线上广告拥有更精准的效果评价体系，不同于传统媒体。线上广告可以采用点击率和测定用户观看时间长短来评价用户印象，由于测定精准，能够快速了解用户喜好，对广告投放效果拥有更精准的评价和快速的反应。⑥突破传统的口口相传的口碑营销，利用互联网社交网络打造扩散式传播广告，以取得更大的影响力和更好的口碑。互联网技术的发展除了改变广告的传播方式，也增加了广告的传播渠道和传播能力，比如社交广告，是在社交网络环境下嵌入的广告，社交广告中最典型的是插入在社交网络信息流中的广告，这种范式最早见于 Twitter，社交广告其实和社交网络中的广告是两个概念，社交网络页面中的广告是指在社交网络页面上竞价售卖的文字链或横幅广告，其本质和网络广告没有太大的不同，而社交广告旨在通过用户的日常社交来达到扩散式传播的目的。从这个意义上来说，社交广告可以在信息的交互流通中挖掘到价值较高的商业及个人信息，从而布局营销模式。

第三节 从线上广告到实时竞价广告的发展历史

前文是关于在线广告的类型及特点的总结，从在线广告到实时竞价广告经历了一系列发展过程，这个发展过程是伴随着广告代理公司、消费者、互联网媒体、广告创意的演变等一系列因素来逐渐转变的，就像现代市场营销学在思想和观念上有三次重大的变化一样，第一次是以产品为中心的营销时代，第二次是以消费者为中心的营销时代，第三次是以品牌传播为中心的营销时代。线上广告到实时竞价广告业需要在各种条件不断地转化下产生不同的发展阶段，线上广告按照微观运营模式的发展，主要过程是展示位广告—定向广告—竞价广告，而按照宏观收益模式的演进主要是搜索广告—上下文广告—原生广告，这种变化与演进是非常清晰的，这种变化过程我们用表2-2来表达，以了解线上广告在技术和理念上的转变及差异。

表2-2 线上广告技术和理念的转变及差异

	创意表达方式	售卖模式	报价增长模式
展示位广告	HTML片段插入	合同约定广告位及广告投放时间	逐年或逐季增长
定向广告（搜索广告）、内容与广告结合（原生广告）	用户标签创意投放	合约投放量、费用及赔偿	千次展示收费（CPM）
竞价广告（上下文广告）	细粒度受众标签投放	竞价投放在线决策分配（第二高价GSP）	每次展示按照收益最高收费

资料来源：根据《计算广告—互联网商业变现的市场与技术》（刘鹏、王超）和《新媒体营销—网络营销新视角》（戴鑫著）资料总结而成。

接下来我们再来分析一下互联网广告的收费定价的发展模式，在线媒体（四大门户网站）时代，把网站的HTML页面当成杂志的版面，插入广告位，显示广告，这个时期广告的售卖模式是合约性质的收益，即采用合同的约定确定某一广告位在某一时间段为约定广告主独享，并且按照广告主的要求，确定广告创意和投放策略。当然，这种合同约定的广告价格在很大程度上是由广告市场的价格波动和广告效果决定的，广告代理商可以根据广告效果和合同约定在一定程度上逐年或逐季追加广告费用。随着互联网广告的发展，在线广告不同于传统媒体广告，传统媒体广告在公众媒体投放，受众完全是被动接受的，而受众则可以从在线媒体上任意选择视听内容，这就使我们可以对不同的受众呈现不同的广告创意，便更加具有针对性，也大大减少了广告资源的浪费，这就是搜索广告的优势，搜索广告带来的一个较大改变是对广告创意的解读和投放策略的重新架构。继互联网搜索广告之后，广告投放方式又发生了进一步变化，产生了定向广告，定向广告要求更高的计算机技术，同时具备两个需求：一是受众定向，通过大数据搜索或技术手段定位标定某个用户的性别、年龄或需求爱好；二是广告定向投放，即将广告投送由直接嵌入页面变为实时响应前端请求，并根据用户变迁自动决策和返回合适的广告创意。一般来说，这种广告还是以合约形式收费，即媒体向广告主保证一定的投放量，并在此合同的基础上确定合同的总金额及投放量未完成情况下的赔偿方案，同时这样的合约主要面向主流品牌广告主，并且遵循按千次展示收费，即 CPM＝（广告费用／到达人数）×1000。

　　还有一种收费方式，就是搜索广告特有的收费方式，这种收费方式随着引擎技术的发展，可以将流量变现，在变现的同时采用与服务自然结合的付费搜索模式，即按照客户的点击次数进行收费，这种收费方式显然更加精准，更符合客户的需求。采用这种付费方式，广告代理公司也要对广告采买方式作出调整：一是更多地面向受众而不是媒体或广告位进行采买，这是受众定向；二是需求方的代理需要采用技术的手段保证广告主数量的需求，并在此基础上帮助广告主优化效果。虽然这种定价方式查找了精准人群，减少了广告资源的浪费，但是有一点却难以满足，就是定制化和争取潜在的客户群体，于是又催生出一种新的广告定价方式——实时竞价，它是将拍卖的过程由广告主预先出价，变成每次展示时实时出价。只要把广告展示的上下文页面 URL 以及访客的用户标识等信息传给需求方，它就有充分的信息来完成定制化的人群选择和出价。于是市场上产生了大量聚合各媒体的剩余流量并采用实时竞价方式为他们变现的产品形态——广告交易平台（Ad Exchange，ADX）。这也就是实时竞价广告比之前的互联网广告在定价方面更具优势的地方，实时竞价广告既遵从了尽量减少广告成本布局的原则，又可以精准地定位客户需求，这些需求包括客户购买动机、客户心理预期价格、客户预期产品效果、客户对产品预期排序（对产品的各种需求的位次排序）等。对于广告主来说，由于实时竞价广告主要采用按展示次数计费的方式，将拍卖的过程由广告主预先出价，变成每次展示时实时出价，只需要把广告展示的上下文页面 URL 以及访客的用户标识等信息传递给需求方（广告主），它有充分的信息完成定制化的人群选择和出价，从而体现公平性和精准性，商家对于广告位需求的要求是能够精准推送和快速到达并反应，于是市场上产生了大量聚合各媒体的，生于流量并采用实时竞价方式为他们变现的产品形态——广告交易平台，其实这就是网上广告交易平台，类似于国际黄金、国际股票等买进卖出的交易平台，不过相较于需要更多的国际市场对于黄金、股票价格的走势判断的平台而言，ADX 则需要整个产业的发展动态展示和行业竞争的趋势判断，并且这些判断不具备国际性，通常展示出区域性和动态性以及行业竞争性。这些都是基于实时竞价广告本身的特性及对消费者特征的了解而产生的特殊价值，这也使实时竞价广告可以在现在及未来的广告市场中得以不断扩大规模、改进现有技术、发挥大数据广告在第三产业快速发展中的引领作用。

第四节　实时竞价广告的技术发展与构成

2012 年是要被载入广告发展编年史的，这一年标志着广告新时代的开端，因为这一年 RTB 广告的卓越进步足以改变人类的消费文明史，精准、高效、透明、可控的概念真正走进了广告这个既时尚又难以单纯突破，既充满商机又具有发展崎岖的新兴传统行业之中。尤其是 Tanx（Taobao Ad Network & Exchange）——一淘独立设计并开发的一套适应国内广告环境的实时广告交易系统的建立，在 2012 年大量成功对接了 DSP 需求方平台的互联网广告大事件，为这个新时代的到来插上了第一面红旗，自此以传统大众媒介广告营销模式为代表的盈利阵地正在悄悄地发生着巨大的且颠覆性的变化，也开启了实时竞价广告的技术大发展时代。

1. 市场需求推动了实时竞价广告的发展

众所周知，媒介产业的生产分为两个过程：第一个过程是信息生产和精神生产，即比特生产；第二个过程是媒介生产和物质生产，即原子生产。传统媒介业（如报社、电台、电视台）主要依赖广告市场和广告客户来赢得利润，因为它们销售给受众的信息产品的价格通常只有成本价的30%或50%，而互联网几乎是免费向消费者提供各种信息产品，但是出售给广告客户的服务价格却往往高出成本的几倍、十几倍甚至几十倍，那么它凭什么能向广告主要那么多的广告费用？凭的就是媒介产业生产的信息产品所赢得的消费者的注意力这个稀缺资源，传统媒介的营销模式基本是遵循这个思路。在消费者为王的整合营销传播盛行的时代，大家都在关注如何赢得这个资源，传统的思路就是关注比特生产，即信息生产，生产出消费者关注的信息，吸引消费者的眼球，但是圈内人士越来越困惑的就是如何吸引消费者的眼球，在这个信息高度纷繁复杂的时代，消费者已经渐近麻木了，而在大数据时代，我们的广告思考模式也要发生变化，与其痛苦地折磨自己，不如花点力气研究一下我们的"堡垒"。如何研究，万变不离其宗，消费者的消费行为、消费心理、消费动机、消费特点永远为王，但是这些内容由海量数据构成，我们要的是这海量数据里的商机，于是又引出一个话题，就是所谓的原子生产如何更好地为比特生产服务，也就是媒介生产如何为信息生产服务，完成"内容为王"的这一进程。我们现在动辄就提互联网新媒体，仿佛所有的问题遇上互联网就迎刃而解了，其实应该这样说，"其实你不懂我的心"，以互联网为基础的新的传播形态，是依托数字技术，对人类日常生活中的各种信息传播和交流活动进行虚拟的还原和放大，这种传播形态创造了一种新型的数字生活空间。换言之，互联网不是新媒体，而是数字生活空间，也就是说互联网为我们创造了一种新的数据化、信息化的精准的生活方式，改变了我们依赖传统媒介接收信息的模式，这说明我们的信息化时代水平在提高，也就是传播信息的生产力在提高，随之而来的是传统的生产关系也会发生改变，最典型的应该是新型的以数据分析数据挖掘为基础的精准数字营销模式将会取代传统的盲目营销模式，这才是互联网存在的意义。以上皆说明，互联网诞生的目的并不是单纯地为了传播信息，而是借助数字技术制造海量的大数据，从而为人类创造新的生活空间模式的一个平台，其目的是让我们生活得更美好，这才是互联网的真谛。由此我们可以看出，"以人为本"依然是当今网络营销的核心，而且无论传媒产业如何发展，这个核心永远不能变，媒介产业的信息生产依然要以创意为核心，精确定位消费者需求及潜在需求将其转化为一种卓有成效的信息资源，这才是未来传媒产业发展的"王道"。

2. 实时竞价广告精准定位广告位

2012 年，可以说是中国广告的梦想腾飞之年，因为面临着互联网所带来的各种冲击，中国广告一直在摸索中前行，终于在 2012 年看到了曙光。因为在这一年，RTB 广告正式登陆中国并发生了足以改变中国广告历史发展的十个重大事件，其中第一家中国本土 ADX 广告交易平台—淘 Tanx 已经汇聚了 10 亿优质媒体流量和国内外超过 20 家 DSP 平台是最具代表性的事件，为什么说 RTB 广告足以改变中国的广告历史呢？

首先，我们要了解一下什么是 RTB 广告。RTB 广告有人称之为"聪明的广告"，"小而美的广告新模式"——RTB 模式是网络广告行业新型的购买模式，与传统的 PPC 广告（根据用户数量计费）、CPM 广告（一千次浏览计费）、CPC 广告（每点击一次计费）、Monthly Flat（包月计费）、Daily Flat（包天计费）等相比，RTB 就是在每个广告展示曝光的基础上进行竞价。在展示型广告市场上，交易的货品是每个广告展示的曝光，需求方是广告商和代理商，供应方就是各大媒体，那么效益最大化的竞价策略就是在每个广告展示曝光的基础上，根据这个展示曝光的需求量，给出不同的竞价进行类似拍卖意义的交易，利用第三方技术在数以百万计的网站上针对每一个用户展示行为进行评估及出价的竞价技术，这就是 RTB 广告。[①] RTB 广告最大的优势应该就是改变了以往广告营销模式的思路，由"卖位置"转变为"卖人气"，也就是说，在茫茫人海中，广告可以投其所好地向有消费需求和消费能力的精准消费者来展示自己独特的魅力，而这些有需求的消费者可以很直接地找到自己想要的东西，既节省了供需双方的投入成本，又将稀缺的消费者注意力资源变得可控、精准、高效。

其次，我们来讨论一下 RTB 广告的现状和未来趋势。RTB 广告严格地说是属于网络广告，但它却是未来广告发展的方向。《中国 RTB 广告行业调查分析及发展趋势预测报告（2022～2028 年）》认为，国内已经诞生多家互联网广告

---

① 资料来源于《实时竞价广告全面移植中国》，网易科技 2012 年 9 月 29 日。

DSP，如易传媒、品友互动、悠易互通等。在媒体端，腾讯、百度、阿里巴巴皆推出了广告交易平台（Ad Exchange）。DSP 服务于广告主或代理公司，以 RTB 和非 RTB 形式结合，进行多种媒体资源（包括 Ad Network、SSP、Ad Exchange 等）的购买，实时竞价模式的 RTB 广告会很快全面移植中国，对接了国内外多个 DSP、Ad Network、SSP、Ad Exchange。如此之快的发展速度和规模，在大众媒介逐渐衰落，而传统广告走向低迷的今天不能不说是一个新的起点和启示，有人说实时竞价广告新在"竞价"，所以形成了业界的竞争态势，广告商竞相亮相吸引受众，实际上"竞价"只是一种引起广告主注意的方式，竞价的价格往往是很低的，有时可能只有几块钱，但是有一个可知资源却是价格不菲，就是这个广告位置的消费者精准性及可控性，更深入地说就是消费者的需求是确定并且明确的，也就可以使广告主做到有的放矢，定位了广告投放的目标细分市场。为什么 RTB 广告可以实现广告一百多年来的梦想——准确地抓住消费者，让每一次投入都有所得呢？实际上还是互联网这个数字生活空间为我们创造了一个技术大平台，这是一个消费者、广告主、广告公司、媒介四者共赢的创举。

最后，我们来看看 RTB 广告的后续动力。任何一种广告形式都有其生存的历史和背景，也就是必须具有其生存的物质条件——媒介生产力，其生命周期必然伴随着这个生产力的发展而不断改进或消亡，比如广告伴随着大众媒介的发展从初期到发展期再到成熟期又到辉煌期，最后到今天的逐渐走向衰退，而 RTB 广告的动力是互联网数字技术和以此为背景的数据库营销全面启动，这个海量的大数据资源是无穷无尽的，它的技术也是目前我国第三产业中发展最为快速和应用性最强的，互联网改变世界的能力已经逐渐显现出来，所有的传统营销模式必将发生质的改变。以消费者需求为导向，以数据库营销为核心，以需求决定生产，致力于与消费者建立长期卓有成效的客户关系，不以短期营利为目的，以精准的市场细分定位为依据展开的有目的的跨越式传播必将成为新兴广告营销模式的代表。

3. Tanx 平台的建立是竞价广告技术核心的体现

以科技为动力是 RTB 广告的必由之路，那么 Tanx 平台的建立为什么标志着 RTB 广告正式对接中国消费者市场呢？我们有必要来分析一下其中的技术原理，中国 RTB 的发展首先需要 Ad Exchange 广告交易平台的出现，Tanx 营销平台于 2011 年 9 月正式对外发布，是国内第一家实时广告交易系统。Tanx（Taobao Ad Network &

Exchange）是一淘独立设计并开发的一套适应国内广告环境的实时广告交易系统，并在 2012 年大量成功对接了 DSP 需求方平台，DSP 需求方平台是一个综合性管理平台，在这个平台，广告主可以通过一个界面管理多个数字广告和数据交换的账户，而 Tanx Ad Exchange（ADX）是针对每次展示进行实时竞价的推广交换市场，涵盖中国最具影响力的互联网站点，能帮助广告联盟、代理机构和第三方技术提供商通过实时竞价的方式购买众多互联网站点的广告资源。买家现在可以使用他们收集处理的属于广告目标客户的数据，自定义定向、出价和预算，在恰当的时机买入符合需求的广告资源。得益于这一准确的、开放的实时竞价方式，买家能利用其专有的数据与出价算法，在数十亿的流量上精准购买小范围的定向流量，最大限度地提高投资回报率。也就是使用大数据技术，捕捉消费者互联网上呈现的精准需求，将精准需求以合理的价格让众多广告主进行公平竞拍，竞拍成功者享受精准的营销资源，也就是消费者的网络注意力资源，相当于目标消费者定位，只是这种定位和市场细分更加精确，并且使用大数据技术带来的目标受众需求的分析。RTB 广告解决了广告自诞生之日起就无法解决的问题，那就是怎样让消费者真正关注广告并相信广告的内容，并将这种相信转化为购买行动的一种动力，将注意力这种稀缺资源的可利用率达到最优化，这就是 RTB 最大的优势。图 2-1 就是基于 RTB 广告的营销原理所作的广告创新型营销模式的简单图示。

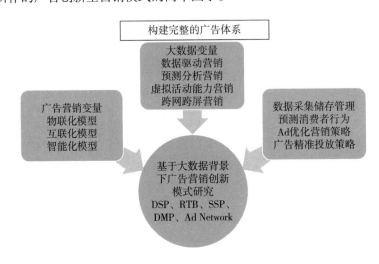

图 2-1　广告创新型营销模式

资料来源：根据《大数据时代的广告与营销嬗变之路》（蒋洛丹著）等资料总结汇编而成。

整合大数据资源前期对消费者进行完整的数据挖掘与分析，从而精准地预测消费者行为，定位目标市场，针对广告主和消费者建立个性化的广告精准投放设计模型是广告产业创新模式中最困难和关键的部分。这部分有两个必需的硬件支持：一个是完善的专业的极具商业目标针对性的数据挖掘技术，另一个是 SSP 与 DSP 的行之有效的连接技术平台。一个软件支持，即整合各种媒介资源建立目标数据的广告投放精准策略，除 RTB 广告，更要综合考虑创新整合跨网跨屏的多渠道多媒介的广告形式。低成本的泛互联网范式的使用决定了是否能畅通使用大数据创新广告营销模式并且采用行之有效的策略，将需求、生产、广告投放、后续市场研究顺畅地连接起来。大数据挖掘越深入、广泛、透彻，DSP 与 SSP 对接技术越先进，广告精准投放越具有目标针对性，营销越成功。DMP 与 Ad Exchange、Ad Network 的整合越紧密越透彻，营销的效果越好。广告精准投放设计与大数据变量融合决定了物联化、互联化、智能化的营销体系能否成功。在各项条件具备后，大数据信息的准确应用和安全监管以及广告定价体系标准将成为新的问题。数据分析准确到位、及时迅速，广告主竞买互联网广告展位是目前大数据中广告营销策略成功的关键。在大数据背景下，广告营销体系的创新模式的影响为：对传统媒介影响最大，对以互联网为代表的数字生活空间影响次之，对消费者影响力日渐加深，改变消费者传统生活方式，对广告主的营销思维改变影响巨大，对传统售卖方式业态模式是转折性的改变。

　　RTB 广告之所以在中国市场迅速发展，基于快速发展的中国互联网技术和电子商务市场，因为没有电子商务的发展，RTB 广告的后续消费者行为成果就无法实现，即中国互联网产业发展速度全球第一，百度、腾讯、阿里巴巴已经成为中国互联网产业寡头、世界电子商务发展主体。但是，中国电子商务市场有三个重点的症结是目前制约发展的瓶颈：第一，互联网市场的可信度及诚信度低；第二，物流体系不健全，消费仓储生产不均衡；第三，网络管理的严重滞后，淘宝差评的道德风险等。这些都是中国电子商务市场发展显现的缺失，这些也严重阻碍着 RTB 广告的发展，所以要想真正实现中国 RTB 广告的营销体系，还需要在电子商务发展的规范性和规律性上整合各种资源，真正实现电子商务良性正常的发展才能保证 RTB 广告的持续发展，发挥 RTB 广告的精准性、定位性、预测性的优势。

实时竞价广告产业投放平台企业考察篇

第三章 大数据广告的技术应用
情况调查分析研究

实时竞价广告产业投放平台企业考察篇共分为两部分：第一部分通过对我国中西部地区及东南沿海及长江经济带重要城市的大数据技术营销公司的普世化调研，得出大数据营销技术在我国广告公司的应用情况及对我国广告产业的推动作用及问题所在，具有普遍性的特点。第二部分通过对四个具有代表性的大数据技术公司进行深入调研，得出我国大数据技术在营销广告领域的发展特点及趋势，具有典型性的特点。这两部分结合考察，进一步得出大数据技术在我国的发展状态、特点及问题，进而得出相应的对策。这两个部分分别通过线上问卷调研和田野实地调研的方法了解实时竞价广告目前的发展状况并得出相应的结论。大数据广告技术虽然在我国广告产业发展与转型中起着重要的推动作用，但是由于我国经济发展态势的区域不平衡，经济产业类型发展不均衡的状态依然存在，以及大数据广告技术在我国广告产业中应用水平的不同，所以大数据广告技术对于推动我国广告产业均衡转型发展的具体情况还有待进一步的实地调查研究，据此，本书做了一份关于大数据广告技术在我国广告公司的应用及效果情况的调查研究，区域主要包括我国东南沿海及长江经济带的重要代表性城市和中西部内部地区的重要城市，从而根据调研结果来判断大数据广告技术对我国整体的广告产业发展的影响和在转型过程中所起到的具体作用。本书设计了一套问卷，该问卷共11题，在该调研问卷中设计了四个方面的问题：第一，业内广告公司是否在使用大数据技术及大数据技术在广告公司的普及率如何（1~3题为这个方面的调研）。第二，我国广告公司在大数据应用方面的来源如何（4~5题为这个方面的调研）。第三，我国广告公司在大数据广告销售及投资方面的趋势如何（6~9题为这个方面的研究）。第四，我国广告公司的大数据广告投放效果及遇到的问题是什么（10、11题为这个方面的研究）。投放区域有河南省、上海市、江苏省、北京市、河北省、浙江省，以期可以调查大数据技术在我国不同经济带对广告产业的影响和作用。图3-1是问卷及问卷结果分析。

各省份填写分布：查看地图分布情况

省份	数量	百分比	统计	详情
河南	47	81.03%		
上海	4	6.90%		
江苏	3	5.17%		
北京	2	3.45%		
河北	1	1.72%		
浙江	1	1.72%		

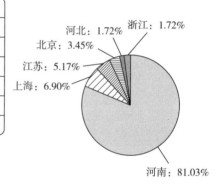

图 3-1　问卷及问卷结果

在对全国120家广告公司进行调研之后，回收有效问卷103份，主体调研的广告公司为河南本地，占总数的81.03%，广告公司区域集聚化的北京、上海我们共选取了6家具有代表性的广告公司，河南作为中国广告产业的中部发展区域，代表了中西部地区对大数据技术在广告产业领域的应用状况，所以也具有一定的代表性，同时我们也选取了浙江、江苏等经济发展较快的地区作为样本，由此对比我国中西部地区和浙江沿海地区的广告产业发展之差距。

第一节　问卷及问卷分析研究

1. 大数据广告的基础技术应用调查问卷

大数据广告的基础技术应用调查研究

1. 请问贵公司是否在使用大数据技术支撑下的广告业务？

①是　　②否

2. 请问贵公司是否有独立的大数据广告部门来承接网络广告制作与投放的业务？

①有　　②没有

3. 请问贵公司的大数据广告投放是以什么形式展开的？

①自己制作自己投放　　　　②找大数据公司制作自己投放

③找大数据公司制作和投放

4. 请问贵公司在进行广告投放时的平台倾向是什么？

①传统门户网站　　②大的垂直媒体　　③视频类媒体

④Baidu 联盟　　　　⑤Google 联盟

5. 请问贵公司在获取数据方面的来源主要倾向是什么？

①BAT 数据：阿里的电商数据、腾讯的社交数据、Baidu 的搜索数据

②线下数据公司

③监测第三方：秒针、admaster 及移动端的 talkingdata、友盟等

④手头现有的数据的媒体

⑤拥有广告流量的 DSP 公司

⑥做 CRM 的技术服务公司

6. 请问贵公司每年大数据广告的营业额占所有类型广告收入的百分比大约是多少?

①30% ②40% ③60% ④80% ⑤90% ⑥100% ⑦没有 ⑧30%以下

7. 请问贵公司在使用大数据广告后对其营业额的增加每年大约占比是多少?

①10% ②20% ③30% ④40% ⑤50% ⑥50%以上

8. 请问贵公司是否有计划逐步增加大数据广告的营业份额?

①有 ②暂时没有 ③已经在计划中 ④已经在实施中

9. 请问贵公司在大数据广告技术投入及改进方面进行的投资大约是多少?

①100万元 ②200万元 ③300万元 ④400万元 ⑤500万元

⑥100万元以下 ⑦500万元以上

10. 请问贵公司曾经投放的大数据广告的效果如何?

①投放精准,收益增多 ②广告效果较好,挖掘潜在消费者和市场

③广告主合作逐年增加,影响力逐渐增大 ④投放效果不明显,收益一般

⑤广告主认为收益不高,不愿继续合作 ⑥其他

11. 请问贵公司在使用大数据技术制作投放广告时,遇到过什么问题?

①技术不过关,投放不精准,广告效果差

②费用过高难操作,广告主更青睐传统媒体广告

③广告费用不知道怎么安排,收入与支出难以计算 ④其他

2. 大数据广告的基础技术应用调查问卷分析

（1）第1题"请问贵公司是否在使用大数据技术支撑下的广告业务"问卷分析见图3-2。

选项	小计	比例
①是	85	82.52%
②否	18	17.48%
本题有效填写人次	103	

（a）

图3-2 公司使用大数据技术支撑下的广告业务情况

请问贵公司是否在使用大数据技术支撑下的广告业务？[单选题]

地区	1.是	2.否	小计
北京	1（50%）	1（50%）	2
河北	1（100%）	0（0.00%）	1
河南	72（83.72%）	14（16.28%）	86
江苏	5（71.43%）	2（28.57%）	7
上海	4（80%）	1（20%）	5
云南	1（100%）	0（0.00%）	1
浙江	1（100%）	0（0.00%）	1

（b）

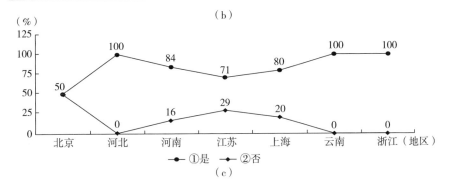

（c）

图3-2 公司使用大数据技术支撑下的广告业务情况（续）

从图3-2的交叉分析当中，我们可以了解到，在河南，有大约83.72%的广告公司使用了大数据技术，还有大约16.28%的广告公司没有使用大数据技术，说明以河南为代表的中西部地区广告公司正在逐步大数据化，而以北京、上海为代表的经济发达地区部分实现了大数据技术的覆盖。

（2）第2题"请问贵公司是否有独立的大数据广告部门来承接网络广告制作与投放的业务"问卷分析如图3-3所示。

选项	小计	比例	
①有	72		69.9%
②没有	31		30.1%
本题有效填写人次	103		

（a）

图3-3 公司是否有独立的大数据广告部门来承接网络广告制作与投放的业务情况

请问贵公司是否有独立的大数据广告部门来承接网络广告制作与投放的业务？[单选题]

地区	①有	②没有	小计
浙江	100%	0.00%	1
河南	70.93%	29.07%	86
江苏	57.14%	42.86%	7
云南	100%	0.00%	1
北京	50%	50%	2
上海	60%	40%	5
河北	100%	0.00%	1

（b）

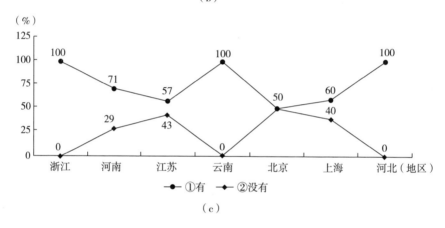

（c）

图3-3 公司是否有独立的大数据广告部门来承接网络

广告制作与投放的业务情况（续）

从图3-3可看出，大部分地区的广告公司都已经采用了大数据技术，河南有近1/3的广告公司没有采用大数据技术，北京地区有近一半的广告公司没有采用大数据技术，上海、江苏有不到一半的广告公司没有采用大数据技术，所以我们可以得出相应的结论：从我国南方地区开始，逐渐向北移动，在广告产业领域，大数据技术的普及率越往北、往西越低，沿海发达地区的广告公司大数据技术的普及率相对较高，但是中西部地区的大数据广告技术普及具有巨大的潜力，也是推动我国中西部地区经济发展的重要技术力量，也可以看出大数据技术在我国南部地区的经济建设与发展中发挥着重要的作用。

（3）第3题"请问贵公司的大数据广告投放是以什么形式展开的"问卷分

析如图 3-4 所示。

请问贵公司的大数据广告投放是以什么形式展开的？[多选题]

	①自己制作自己投放	②找大数据公司制作自己投放	③找大数据公司制作和投放	小计
①有	45（62.5%）	46（63.89%）	33（45.83%）	72
②没有	13（41.94%）	18（58.06%）	12（38.71%）	31

（a）

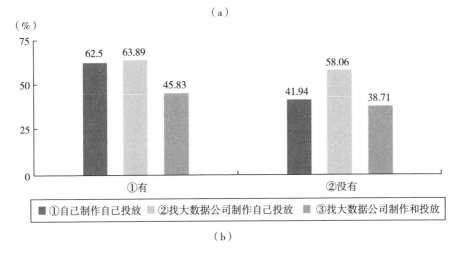

（b）

图 3-4　公司的大数据广告投放形式

图 3-4 的分析是第二题和第三题的交叉分析，意指分析用大数据技术来开展广告业务的广告公司和没有使用大数据技术的广告公司是如何开展大数据广告业务的。从上述交叉分析可以看出，开展大数据广告业务的广告公司主要是自己制作和找其他大数据技术公司制作，并且有自己的投放平台，说明开展大数据广告业务的公司基本上都有大数据广告技术应用于开发投放业务，形成了流程化的大数据广告业务，也逐步地走向技术应用与开发的成熟阶段，并在广告业务中逐步发挥着不可替代的作用。

（4）第 4 题"请问贵公司在进行广告投放时的平台倾向是什么"问卷分析及第 5 题"请问贵公司在获取数据方面的来源主要倾向是什么"问卷分析如图 3-5 所示。

请问贵公司在获取数据方面的来源主要倾向是什么？[多选题]

X/Y	①BAT数据：阿里的电商数据、腾讯的社交数据、Baidu的搜索数据	②线下数据公司	③监测第三方：秒针、Admaster及移动端的talkingdata、友盟等	④手头现有的数据的媒体	⑤拥有广告流量的DSP公司	⑥做CRM的技术服务公司	小计
①传统门户网站	43（81.13%）	35（66.04%）	23（43.40%）	27（50.94%）	20（37.74%）	12（22.64%）	53
②大的垂直媒体	44（80.00%）	34（61.82%）	30（54.55%）	28（50.91%）	25（45.45%）	14（25.45%）	55
③视频类媒体	58（72.50%）	47（58.75%）	37（46.25%）	39（48.75%）	34（42.50%）	19（23.75%）	80
④Baidu联盟	18（69.23%）	18（69.23%）	18（69.23%）	17（65.38%）	15（57.69%）	10（38.46%）	26
⑤Google联盟	16（76.19%）	13（61.90%）	11（52.38%）	16（76.19%）	16（76.19%）	13（61.90%）	21

（a）

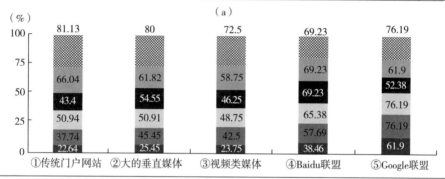

（b）

图 3-5　公司在进行广告投放时的平台倾向及获取数据方面的来源主要倾向

图 3-5 的分析是问卷第 4 题和第 5 题，主要是从数据获取来源与广告投放媒体来进行广告公司的大数据广告业务的具体分析。从图 3-5（a）可以得知，有超半数的广告公司选择视频类媒体进行广告投放，而这些广告公司获取数据的来源主要是来自 BAT 数据，有近一半广告公司采集的数据来自线下的数据公司，有近一半广告公司采集的数据来自第三方检测机构和自有数据，传统门户网站和大的垂直媒体也是广告公司的土方广告业务的主体考虑对象。视频类媒体的广告

投放总体表现良好，成为广告公司在广告投放业务上的首选，超越了传统的门户网站，而拥有广告流量的 DSP 公司也逐渐成为广告公司在数据采集和广告投放上的最新选择，从而成为广告产业在大数据广告业务方面的新发展趋势。

（5）第 6 题"请问贵公司每年大数据广告的营业额占所有类型广告收入的百分比大约是多少"问卷分析如图 3-6 所示。

请问贵公司每年的大数据广告的营业额占所有类型广告收入的百分比大约是多少？[单选题]

选项	小计	比例
①30%	9	8.74%
②40%	25	24.27%
③60%	23	22.33%
④80%	19	18.45%
⑤90%	7	6.80%
⑥100%	7	6.80%
⑦没有	3	2.91%
⑧30%以下	10	9.71%
本题有效填写人次	103	

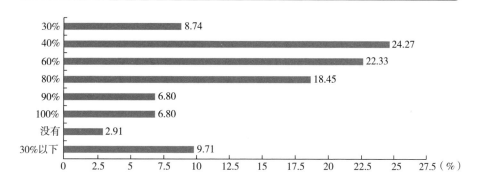

图 3-6 大数据广告的营业额占所有类型广告收入的情况

从本题可以看出，大数据广告业务在广告公司营业收入中的占比在 40%～60%，处于居中的状态，而占比在 30% 以下（较少），说明传统的广告业务和大数据广告业务所产生的总体收益基本持平，而大数据广告较少业务产生的收益以及所占据的比例均不超过 20%，而占比较多（80% 以上）的大数据广告业务依然发展强劲，接近峰值，说明大数据广告业务对于整个公司发展而言，具有巨大的潜在动力，由此数据可以看出，在整个公司的发展战略中可以进一步地拓展大数据广告业务，以增加广告营业收益。

（6）第7题"请问贵公司在使用大数据广告后对其营业额的增加每年大约占比是多少"问卷分析见图3-7。

请问贵公司在使用大数据广告后对其营业额的增加每年大约占比是多少？[单选题]

选项	小计	比例
①10%	20	19.42
②20%	17	16.50
③30%	31	30.10
④40%	17	16.50
⑤50%	7	6.80
⑥50%以上	11	10.68
本题有效填写人次	103	

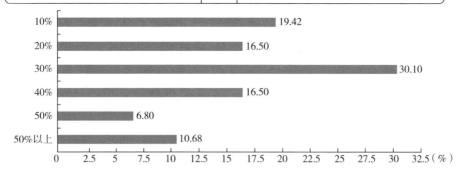

图3-7　公司在使用大数据广告后对其营业额的增加每年大约占比情况

从图3-7可以看出，广告公司在使用大数据业务后，基本的营业额收入增量在30%~40%，说明大数据广告业务对广告公司的发展具有积极的意义，也说明了广告公司传统的广告业务也逐渐向以大数据广告为代表的新兴业务进行大力转型，以适应市场发展的需要与进步。以下是第6题和第7题的交叉分析，以展示大数据广告业务在广告公司的运营过程中推动企业营收的重要作用，也显示了我国的广告公司在大数据技术的浪潮之下所进行的积极的转型与变革。

请问贵公司在使用大数据广告后对其营业额的增加每年大约占比是多少？[单选题]

X/Y	①10%	②20%	③30%	④40%	⑤50%	⑥50%以上	小计
①30%	4（44.44%）	1（11.11%）	2（22.22%）	1（11.11%）	1（11.11%）	0（0.00%）	9
②40%	1（4%）	8（32%）	9（36%）	4（16%）	1（4%）	2（8%）	25
③60%	1（4.35%）	6（26.09%）	9（39.13%）	5（21.74%）	2（8.70%）	0（0.00%）	23
④80%	3（15.79%）	1（5.26%）	8（42.11%）	4（21.05%）	1（5.26%）	2（10.53%）	19
⑤90%	0（0.00%）	0（0.00%）	3（42.86%）	1（14.29%）	2（28.57%）	1（14.29%）	7
⑥100%	0（0.00%）	1（14.29%）	0（0.00%）	2（28.57%）	0（0.00%）	4（57.14%）	7
⑦没有	3（100%）	0（0.00%）	0（0.00%）	0（0.00%）	0（0.00%）	0（0.00%）	3
⑧30%以下	8（80%）	0（0.00%）	0（0.00%）	0（0.00%）	0（0.00%）	2（20%）	10

（a）

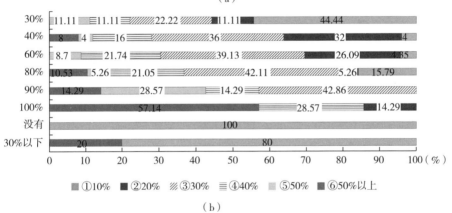

（b）

图3-8 大数据广告业务对广告公司营业额总数占比和大数据广告业务营业额增加比例的交叉数据分析

图3-8是大数据广告业务对广告公司营业额总数占比和大数据广告业务营业额增加比例的交叉数据分析，从图3-8中可知，大数据广告业务营业额增量50%以上的是大数据广告业务占广告公司广告总营收为100%的广告公司，也就是说，大数据广告业务营收占比越多，广告公司的营收增量就越大，大约占到57%，高于其他占比增量。从侧面可以反映出，目前，我国传统媒体广告收入不升反降，而新媒体广告业务类型复杂，主体有两类：一类是服务型收费；另一类是网络广告收益。网络广告收入又分为合约广告、搜索与竞价广告、程序化交易广告、原生广告四种类型，以搜索和竞价广告及程序化交易广告为大数据广告的代表，占

据了广告公司的大部分收益，同时从图 3-8 可知，未来大数据广告将逐渐普及化生产和制作，是广告公司未来业务类型的主流趋势。通过以上两题关于广告公司营收与大数据技术应用关系的分析与阐释，我们可以切实认识到大数据广告技术赋能广告公司及企业的未来稳定发展，是我国广告公司发展转型的契机，可以预见未来我国广告公司的发展必将以大数据广告位主体发展业务，大力增加广告费用，以驱动市场消费和活力的良性发展。

（7）第 8 题"请问贵公司是否有计划逐步增加大数据广告的营业份额"问卷分析如图 3-9 所示。

请问贵公司是否有计划逐步增加大数据广告的营业份额？[单选题]

选项	小计	比例
①有	52	50.49%
②暂时没有	15	14.56%
③已经在计划中	30	29.13%
④已经在实施中	6	5.83%
本题有效填写人次	103	

（a）

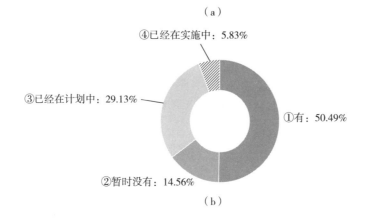

（b）

图 3-9　公司是否有计划逐步增加大数据广告的营业份额

本题主要是为了观测我国广告公司是否在进行大数据技术的改革与转型，从图 3-9 可知，有接近 85% 的广告公司都在有计划地逐步增加大数据广告业务的营业份额，说明我国的广告公司已经充分认识到大数据技术对未来广告产业发展的重要作用，并稳步有计划地进行大数据技术的实施与普及，从而增加广告产业发展的资金动力，但是还有将近15%的广告公司尚没有此项计划，说明我国广告产业的发展还具有很大的潜力，也说明了我国广告产业发展的不均衡性，有待于进一步发展与拓展。

（8）第9题"请问贵公司在大数据广告技术投入及改进方面进行的投资大约是多少"问卷分析如图3-10所示。

请问贵公司在大数据广告技术投入及改进方面进行的投资大约是多少？[单选题]

选项	小计	比例
①100万元	19	18.45%
②200万元	27	26.21%
③300万元	24	23.3%
④400万元	3	2.91%
⑤500万元	9	8.74%
⑥100万元以下	9	8.74%
⑦500万元以上	12	11.65%
本题有效填写人次	103	

（a）

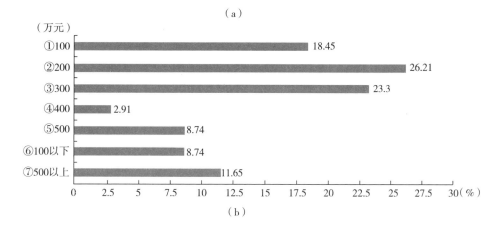

（b）

图3-10　公司在大数据广告技术投入及改进方面进行的投资额度

本题主要阐释了广告公司为了本企业的发展在大数据广告技术方面的投资与开发，从图3-10可以看出，有接近70%的广告公司在大数据广告业务及技术上投资超过了 100 万元低于 500 万元，还有近 20% 的广告公司投资在大数据技术改造和业务领域，这说明我国广告公司无论是从南到北还是从东到西，在大数据广告业务及技术改进方面已经达成了共识并以此为目标方向，从而预示了我国广告产业未来的发展趋势和改革动力。

（9）第 10 题"请问贵公司曾经投放的大数据广告的效果如何"问卷分析见图 3-11。

请问贵公司曾经投放的大数据广告的效果如何？[单选题]

选项	小计	比例	
①投放精准，收益增多	48		46.6%
②广告效果较好，挖掘潜在消费者和市场	60		58.25%
③广告主合作逐年增加，影响力逐渐增大	58		56.31%
④投放效果不明显，收益一般	33		32.04%
⑤广告主认为收益不高，不愿继续合作	19		18.45%
⑥其他	21		20.39%
本题有效填写人次	103		

（a）

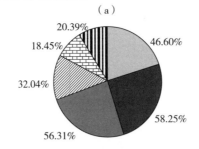

■ ①投放精准，收益增多
■ ②广告效果较好，挖掘潜在消费者和市场
■ ③广告主合作逐年增加，影响力逐渐增大
▨ ④投放效果不明显，收益一般
⌇ ⑤广告主认为收益不高，不愿继续合作
‖ ⑥其他

（b）

图 3-11　公司曾经投放的大数据广告的效果

本题主要侧重于大数据广告的投放效果以及给广告主带来的使用体验和实际收益。从图 3-11 可知，超过半数被调查的广告主认为广告投放效果比较好，比较有利于挖掘潜在的消费者和市场，对企业的营销策略具有实际的价值和意义，

并且超半数被调查的广告主愿意继续投放大数据广告，并对此前景持利好态度。同时通过实际收益的对比，接近半数的广告主的广告投放收益是增加的，并且投放广告精准在一定程度上有效地避免了广告资源的浪费，提升了广告投放的效果。

（10）第 11 题"请问贵公司在使用大数据技术制作投放广告时，遇到过什么问题"问卷分析如图 3-12 所示。

请问贵公司在使用大数据技术制作投放广告时，遇到过什么问题? [单选题]

选项	小计	比例
①技术不过关，投放不精准，广告效果差	59	57.28%
②费用过高难操作，广告主更青睐传统媒体广告	71	68.93%
③广告费用不知道怎么安排，收入与支出难以计算	51	49.51%
④其他	24	23.30%
本题有效填写人次	103	

（a）

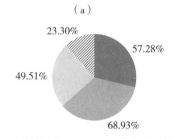

■①技术不过关，投放不精准，广告效果差　　■②费用过高难操作，广告主更青睐传统媒体广告
▨③广告费用不知道怎么安排，收入与支出难以计算　▩④其他

（b）

图 3-12　公司在使用大数据技术制作投放广告时，遇到过的问题

本题主要侧重于广告公司在推广及普及大数据广告业务时遇到的困难及阻碍大数据广告技术发展的原因，从图 3-12 可知，费用过高难操作，广告主在一定时期内还是青睐传统媒体广告投放是主要因素（68.93%），其次就是"技术不过关，投放不精准，广告效果差"（57.28%），由此可见，我国广告公司在大数据技术广告业务方面遇到的问题还是在于大数据广告技术的不成熟以及对广告公司及广告主的普及度不够。资本驱动市场，只有让广告主切实体会到大数据技术革

新给整个中国广告产业带来实际并卓有成效的收益，才能促使广告企业加快大数据技术革新的步伐。

第二节 大数据广告的基础技术应用及普及对我国广告产业发展的影响

本书调研团队以我国广告公司大数据广告技术业务的基本普及情况为调研背景，以我国从南至北有明显的经济分隔带的具有代表性的大型广告公司为视角，考察大数据技术及其广告业务的应用及普及对我国广告公司的影响，并考察大数据技术的普及应用是否会对我国广告产业的升级转型和发展形成决定性的影响，经过调研和分析研究，得出了若干有价值的结论。

1. 研究背景

程序化交易广告是指通过既定程序或特定软件，自动生成或执行交易行为，以实时竞价（RTB）为核心。广告交易平台（ADX）使广告市场向着透明的比价平台方向发展，用实时竞价的方式得到广告位的候选，并出价竞价完成投资决策。需求方平台（DSP）对于流量的选择和控制能力达到了较高的水平，因此技术和算法也是比较复杂的。程序化交易广告具有覆盖平台广、目标精准、挖掘人群属性和与用户建立长期的互动关系的特点，具体的内容包括：①覆盖平台广，程序化购买能够实现跨屏覆盖传统的互联网网站、各种移动 App 以及商业 Wi-Fi 网络、微信、微博等平台，跨平台整合各种资源。②目标精确。程序化购买及实时竞价广告以人为对象，通过数据管理平台 PMP 进行数据分析，能够精准地识别用户，并将其标签化、数据化，将广告投放给潜在的用户，以实现精准营销。③挖掘人群属性。客户细分是大数据广告技术的基本功能之一，对高价值客户、一般价值客户、低价值客户，以及客户的属性信息进行深度分析与研究，从而根据客户的属性投放广告，提高投放成功率。④与用户建立长期的互动。我国广告产业兴起程序化大数据广告购买的技术革新，为广告主和消费者提供了直接互动的平台，广告主可以通过 PMP 自动生成广告创意，并投放给消费者，其既激发了广告的创意，又满足了消费者的需求，实现良好的互动。跨屏和大数据是程序化购买的两大关键词。一方面，广告主可以通过程序化购买提供的跨屏技术，实现精准投放，催生出新的数据，为广告主提供更丰富的资源；另一方面，大数据平台制定一个长期的战略决策，建立数据库、收集数据和分析数据，充分利用有用的数据，最终为用户创造价值，提升广告创意。

2. 研究对象

本次调查研究的对象有以下四个方面：①我国广告产业大数据技术的普及情况；②大数据广告技术对我国广告产业营业额的直接影响状况；③我国广告产业在使用大数据技术升级转型广告业务时的问题和困难；④我国广告产业的大数据技术应用未来发展前景如何，我国广告产业是否有实力继续推动大数据广告技术的普及及应用，并使之发挥最高效益。

3. 研究过程

本书的研究团队根据区域经济理论中的不平衡发展理论，生产资源在一定空间（区域）优化配置和组合，但有限的资源在区域内进行优化组合，可以获得尽可能多的产出以及其他相关资料，提出了两个假设：一是大数据广告技术对于我国广告产业的发展具有强大的推动作用，尤其是在增加广告主营业务收入方面具有显著效果。二是大数据广告技术对我国区域经济的发展具有一定的推动作用，技术的革新对我国区域经济不均衡发展具有以点带面的作用。

4. 研究结果

经过问卷和定性分析，结果显示，大数据广告技术会对我国广告产业的发展尤其是营业收入产生重要影响，虽然我国区域经济的发展不平衡，但是我国大部分广告公司已经意识到大数据广告技术对广告产业的重要影响作用，并逐步缩小中西部地区和长江经济带以及东南沿海经济带的广告产业转型差距，而且中西部地区广告产业从体量到技术革新都在快速发展，无论是传统广告公司还是以数字媒体为主营业务的广告公司，都在大数据广告技术的浪潮中奋勇前行。具体说来，主要有三个方面的实践结论：

第一，中西部地区虽然广告产业基础相对薄弱，但是大数据技术在业内的革新和转型速度较快，并在逐步缩小与经济发展快速地带的差距，这是在我国区域经济发展不平衡的情况下，由产业经济带动区域经济发展而产生的影响，而中西部经济的快速发展以及发展潜力为广告产业的发展提供了支持和动力。以北京、上海为例，该类地区已经基本覆盖了大数据广告技术，大数据技术也快速推动着该地区广告产业的发展。

第二，拥有众多广告流量的 DSP 平台公司，正在逐渐取代传统的 BAT 三大巨头的数据业务。越来越多的广告公司拥有自己的 DSP 平台，开展大数据的自营业务，这样既可以减少成本，又可以进行相关业务的拓展，所以以 DSP 技术为代表的程序化广告，尤其是 RTB 广告业务将会越来越普及。

第三，大数据广告业务的类型多样，从横向来看，分为服务类广告业务和网络营销类广告业务。近几年，由于服务类广告业务的类型和营收增加，很多广告公司已经趋向于服务类广告业务，在网络营销类广告业务的营收上，需要有新的形式和内容来推进业务，尤其是在精准定向定位消费者和人口属性、地域定向及频道定向方面需要有新的突破和尝试。这就需要 RTB 广告的进一步加深业务推广和应用，才能使大数据广告在流量预测、在线流量分配、出价指导方面更具有预测性和前瞻性。

该结果对我国广告产业未来发展的实践启示是：我国广告产业无论是中西部经济发展地带还是沿海经济快速发展带都应该继续加快大数据技术的内部产业技术转型与应用，根据区域经济中的增长极理论，通过政府来投资进行对我国广告产业的大数据广告技术改造，加快发展中西部地区和沿海经济快速带的广告产业，从而带动其他如数字媒体产品产业、大数据产业等相关产业，发挥区域经济和产业优势；在我国广告产业实施大数据技术升级改造的过程中，面临的较大困难除资金外，就是技术难点的问题，很多传统的广告产业因为没有专业的大数据技术资源而无法进行相应改造。所以，政府应出台相应政策和举措，鼓励大数据产业和广告产业融合发展，互为资源共享，从而促进各个产业的协调快速发展。鼓励传统广告产业加大对新兴的大数据及数字媒体技术的投资改造，利用民间资本、政府投资及政策导向，融合积极发展相关产业的快速提升。随着大数据技术的普及发展，传统的 BAT 三大数据流企业已经逐渐在数据市场衰退，取而代之的是广告产业本身的数据流控制技术的发展，这就说明，民间数据市场十分活跃，对于消费者属性挖掘和下沉市场的运营，广告产业本身更具有发言权和操作权，这是整体经济发展数据导向化的趋势所致，但是随之而来的是数据市场混乱和不法经营的出现，所以现阶段政府应出台政策规范数据市场，引导相关产业良性发展，尤其是新兴广告产业的快速稳健发展，并在大数据技术挖掘、广告竞价展示、消费者属性定向开发、新产品上市指导、各个产业链条融合方面取得更大的发展、规范经营与营收创收。

第四章　我国四类主要的实时竞价广告投放平台互联网企业调研情况

　　本阶段时间为 2015 年 5 月至 2016 年 10 月，历时 17 个月，主要完成本书的实证分析阶段和专题研究阶段，在实证分析阶段，主要选择对我国具有代表性的四个实时竞价广告投放平台互联网企业进行实地调查研究，这四个大数据营销企业分别位于上海、杭州、北京，是我国大数据广告技术发展最成熟的三个地区，这三个地区又同时是我国经济发展最为成熟和快速的地区，因此考察这三个地区具有代表性的大数据技术企业，具有现实的经济价值意义和技术发展意义，通过对这个典型性企业的实地考察得出第一手资料，并考察网络广告产业和当地经济发展的联系情况，而在专题研究阶段，主要对我国网络广告产业与国民经济发展的关系，尤其是对区域性地方经济的拉动情况研究，在大数据驱动下，我国网络广告产业的重大转型及出现的问题，并提出对策，建立一套创新的网络广告品牌构建战略，充分整合大数据资源带来的预示性优势，根据材料和数据的汇总，建立网络广告定价系统模型。目前，这两个阶段已经完成对我国四个实时竞价广告投放平台互联网企业进行实地调查研究，专题阶段已经完成对我国区域性广告产业发展概况和实时竞价广告产业与国民经济的发展的关系研究。本次企业考察周期长，时间跨度长，在北京、上海、杭州三地考察了在大数据广告投放中颇具优势和知名度且具有过硬技术的企业，通过考察及调研发现，我国大数据广告投放企业在为商家和广告投放平台的联系中起到了积极的作用，竞价技术也在不断地发展与变化之中。按照媒介和数据类型的不同，此次考察的企业主要分为四类：一是媒体类 RTB 广告投放经销商；二是传媒数据综合类 RTB 广告投放经销商；三是数据类 RTB 广告投放经销商；四是计算以广告类和短视频业务为主型广告媒体投放经销商。展示了大数据企业尤其是计算广告投放平台企业的核心技术及运作，以及对网络广告价格的新型定位模型及实践探讨，这四个大数据技术代表企业在大数据营销技术的领域中有着自身特色的技术成就，对市场的把握和消费者的研究也有着不同的侧重点，因此具有现实的研究价值和意义。

第一节　媒体类 RTB 广告投放经销商

媒体类 RTB 广告投放经销商整合互联网媒体平台为主线，依托上海有利的地理地位，运用了先进的网络广告投放技术，并以精准营销为核心理念的互联网广告服务平台，依托大数据分析管理技术和网络营销技术，实现对网络用户的精准定向和对广告资源的智能管理。深度挖掘网络媒体价值，帮助媒体实现收益最大化，精准锁定目标消费者，实现广告资源优先购买，帮助广告主全方位优化广告投放。

1. 数据营销核心技术（见表 4-1）

表 4-1　数据营销核心技术及内容

核心技术	技术内容
四维定向	回头客（根据目标用户品牌浏览互动历时进行定向） 内容定向（根据目标用户感兴趣的内容定向） 行为定向（根据目标用户真实网络行为进行定向） 地域定向（根据网络用户所在区域 IP 地址进行定向）
广告交易平台	全国最大的大数据原生广告交易平台。对接国内优质移动资源，日覆盖 10 亿移动终端，30 亿次广告展现，1000+国内主流 App 资源；依托立体交叉分析和多维定向技术，以多样化广告展现，为广告主带来最精准、性价比最高的广告曝光，颠覆性地提升广告效果和投资回报率

续表

核心技术	技术内容
广告供应平台	国内最具变现能力的公告供应平台。百橙 SSP 整合多方优质的媒体资源，形成最庞大媒体群、最全流量覆盖、最高效资源利用、最精准资源匹配的强大供应系统，通过分析处理访问流量、多维定向技术和强大的广告过滤功能，实现媒体广告资源价值利用最大化

资料来源：根据《2020~2025 中国广告媒体行业市场前瞻与未来投资战略分析报告》和《新媒体营销——网络营销新视角》（戴鑫著）等资料总结汇编而成。

2. 广告资源与媒体平台："一站式"互联网媒体代理平台

"一站式"互联网媒体代理平台先后代理广点通、微信朋友圈、今日头条、智汇推、搜狐汇算、新浪扶翼、微博粉丝通、有道智选、网易、猎豹浏览器、ZAKER、陌陌、UC 新闻客户端、百度贴吧等众多互联网主流媒体资源产品，整合跨屏资源优势，集结精英运营团队，为各行各业广告主提供"一站式"互联网营销服务。

（1）全网媒体覆盖。

月覆盖全国 85% 的互联网受众；丰富的媒体数据库，深入挖掘，不断完善；近 20 种广告展现形式，高冲击，强互动；频次控制，创意轮播，先进的广告投放技术。

（2）Wi-Fi 无线。

在无线移动端，整合全国数百家移动应用，涵盖新闻、娱乐、时尚、汽车等 15 大类主流媒体频道，月覆盖全国逾 4.5 亿移动网民。拥有专属无线端媒体资源，包括无线 Wi-Fi（橙 Wi-Fi 终端覆盖）、户外媒体终端（户外大屏/电子广告牌等）、智能家居等独段媒体资源，针对线下场景及受众，满足各类企业的场景化精准营销需求。

（3）广告交易市场。

整合接入广点通、百度、Tanx、ADVIEW、科大讯飞、今日头条、微信、陌陌、Wi-Fi 万能钥匙、网易、猎豹、秒针、好耶等国内主流广告交易市场的广告资源，覆盖数百家供应方平台，对不同广告交易市场进行数据资源整合和标签化细分，精准锁定流量的去向。

（4）家庭软件。

家庭软件自主开发并代理总计 200 多款应用软件，涵盖视频、音乐、下载、制图、浏览器等在内的 6000 多万软件应用人群。网吧媒体，囊括全国一、二线城市总约 45000 家网吧，覆盖逾 5000 万年龄在 18～35 岁的互联网用户，单日最高注册用户超过 25 万人次，单日最高登录并创建角色用户超过 15 万人次。根据网吧网民行为，锁定用户从开机、应用娱乐到离开全程动态，设定开机广告、桌面图标、跟随升窗、精准升窗、退弹广告等十几种广告展现形式，紧随用户，高效互动。

3. 成功营销案例

银橙传媒

2016 年 11 月 8 日，银橙传媒成为搜狐 2016 年度的核心代理商，银橙传媒作为搜狐核心代理，打通搜狐旗下全部 PC 资源、搜狐新闻客户端在内的 App 资源、手机搜狐网在内的 WAP 资源。在三大资源平台联动的基础上，能够根据客户类型和搜狐的用户属性对投放客户提出相应的投放建议和优化方式；贯通搜狐各平台数据，深度挖掘用户数据。DSP 在获得年度最佳移动 DSP 平台奖之际也迎来了智橙 DSP 3.0 版本的发布。智橙 DSP 3.0 从流量、数据、技术等方面进行全方位的优化；通过对时间场景、地点场景、行为场景、连接场景等数据的捕捉与利用，充分打造基于大数据的原生广告交易平台。程序化购买作为时下重要的数字营销技术，已成为最受企业青睐的广告投放方式。品牌、电商、金融、游戏、网服、快消等行业都选择银橙传媒的程序化购买平台，精准挖掘最佳消费者及提升品牌价值。据悉，智橙 DSP 日均流量超 130 亿，拥有业内领先的大数据处理能力，服务客户超过 2000，覆盖超 10 亿移动终端，拥有 1000 多最为优质的移动媒体 App 流量资源。未来智橙也将不断完善产品系统、整合更多数据，帮助品牌商家进行更具性价比的精准营销投放，达到品效合一的最佳效果。

资料来源：根据《2021 年企业数智化转型升级创新服务企业》和《2017 年易观发布中国移动 DSP 市场报告》相关资料汇编总结而成。

第二节　传媒数据综合类 RTB 广告投放经销商

1. 数据营销核心技术（见表 4-2）

表 4-2　数据营销核心技术及内容

核心技术	技术内容
Tanx Ad Exchange（ADX）	是针对每次展示进行实时竞价的推广交换市场，涵盖中国最具影响力的互联网站点，能帮助推广联盟、代理机构和第三方技术提供商通过实时竞价的方式购买众多互联网站点的推广资源。买家现在可以使用他们收集处理的属于推广目标客户的数据，自定义定向、出价和预算，在恰当的时机买入符合需求的推广资源
商业化数据合作平台	基于商业化场景打造的数据管理合作平台，拥有消费行为、兴趣偏好、地理位置等众多数据标签。推广需求方通过达摩盘可以实现各类人群的洞察与分析，潜力客户的挖掘；通过标签市场快速圈定目标人群，建立个性化的用户细分和精准营销；通过第三方服务应用市场，解决个性化的营销需求
实时竞价交易市场（CPM）	采用业内先进的实时竞价技术，动态地将每次展现分配给出价最高的买方，按 CPM 计费，最大限度地优化媒体收益。买方包括淘宝直通车、钻石展位以及第三方联盟。按竞价 CPM 计费，适合各类型网站投放
淘宝客橱窗推广（CPS）	根据用户的流量和购买行为，定向匹配所展现的推广内容，按 CPS 计费。拥有专业的优化运营团队，不断优化推广内容，提升您的收益。按 CPS 计费，适合导购、分享、团购网站投放

资料来源：《2020~2025 中国广告媒体行业市场前瞻与未来投资战略分析报告》和《新媒体营销——网络营销新视角》（戴鑫著）等资料总结汇编而成。

2. 广告资源与媒体平台

广告投放资源：ifashion、淘宝汇吃、潮电街、极有家、酷动城、淘宝 DIY、亲宝贝。

媒体资源：新浪、新浪微博、搜狐、陌陌、M+电商卖家、第一财经。

3. 成功营销案例

阿里妈妈

全球第一个商业创意奖项，金投赏（ROI Festival）以 ROI 方式量化创意的投资和回报，在业内已形成一定口碑和影响力。而阿里妈妈依托阿里大平台完整的品—传—销营销全链路大数据，以智能化技术释放创意能量，精准识别洞察，实现更高效的营销效果，自 2015 年伊始，金投赏与阿里妈妈达成战略合作，一跃成为全球第一个以电商销售数据作为参赛资格的奖项。在这幕后，阿里妈妈用特有的真人实效数据量化市场指标提供全力支持，金投赏产品组的提名作品，将以上一年度下半年至当年上半年的实际销售数据作为评审参考指标，助力评审直观判断，市场量化创意。今天，全球数百万家品牌和商家，已经在使用阿里妈妈提供的大数据服务赋能营销体系，通过其系列智能化营销产品应对碎片化场景营销时代的营销困局，一直走在行业前端。其核心智能营销引擎——OCPX 的运用能够在优化流量分配、提升用户体验和活跃生态环境三方面呈现飞跃，实现平台、广告主、消费者三方共赢，更是为品牌营销创意的能量释放提供了无限可能性。

资料来源：根据《2017 年阿里妈妈营销规划宝典》和金投赏商业创意奖案例相关资料汇编而成。

第三节　数据类 RTB 广告投放经销商

1. 主营业务

主营业务架起了品牌、广告主与消费者之间的桥梁，是贯穿各行业和领域的数据枢纽。完成实时日监测并分析来自数字电视、电脑、智能手机和平板电脑的线上广告曝光量，主要的业务功能分为四大部分：①致力于促进数字营销行业和大数据产业的蓬勃快速发展，推动行业标准的建立，并以知识贡献者的身份为行业不断培训、输入专业人才；②广告跟踪与监测，评估数据投资的有效性；③策略优化与数据应用，让原始数据为经营决策提供价值的强大洞察；④数据管理，推动数字营销活动的数据枢纽。

2. **数据营销核心技术主要分为三大类**

（1）广告跟踪与监测技术。

全流程广告效果评估平台累计服务超 800 名广告主，监控超 1000 家媒体，日均处理百亿级的数据，集中管理、执行、监控和追踪网络广告活动，提供监测数据及相关报告，用户可以方便快速地获取广告的曝光、点击、频次、iGRP、广告覆盖人群等信息，及时为投放优化提供支持。

实时高效的企业级网站分析产品，数据分析网站平台，获取访客的来源和访问路径，让你了解每一位访客，支持全平台监测，多维度和指标全方位衡量网站效果和分析。

独立第三方移动监控工具，覆盖主流渠道 200 条以上，精准匹配渠道来源。领先的反作弊方案，将指纹识别、智能用户分析、作弊行为探针、设备动态黑名单等技术方案，排查设备及网络等异常数据。提供实时数据，依托多年的技术和数据积累，百亿级的数据监控任务，保障数据实时刷新。超级 SDK，超小体积，集成接入无负担。

领先技术驱动的社交数据管理专家，品牌舆情和负面信息预警实时掌握，建立品牌自有粉丝库，提高品牌与目标人群互动效果，微博、微信智能运营、多人协作智能管理，互动更高效，在线数据报告，随时随地轻松查看。

（2）策略优化与数据应用技术。

"一站式"跨多屏幕预算分配与媒体优化产品，帮助广告主进行多渠道全方位投放下的整体预算分配与优化，覆盖市场最多，跨屏数量最多，一键导出特定 KPI 结果，项目管理更具条理性，市场上唯一实现实时监测和实时预警的解决方案，国内首创的综艺节目、影视剧及体育赛事赞助效果评估模型。

业内领先的多源数据量化评估不同内容节目的整体表现、内容与品牌之间的联动性以及品牌收益的变化，系统化实时快速收集数据，帮助品牌广告主及时了解赞助评估效果，优化品牌广告主传播策略并指导建议未来内容营销策略，数据库中涵盖了 100 个以上节目、近 1000 个品牌、10 万条以上的消费者洞察数据，帮助品牌广告主针对节目、受众多维度分析。

量化数字营销广告对品牌价值提升的贡献率并评估其投资回报率，模拟媒介组合结果，优化组合方案，更有效地提高品牌价值 eMix—销量优化模型，分析营销活动对电商平台的销量驱动力并评估其投资回报率，指导优化电商内外营销预算分配，促进电商平台销量提升，eMix—消费者路径归因模型，量化不同媒介在消费者路径中对关键 KPI 转化的贡献占比，模拟不同媒介组合所带来的关键 KPI 转化效果，从而制定最优的营销方案。

（3）数据管理技术。

1）Ad Master DMP。广告主第一方数据收集、管理、应用平台，帮助实现广告主第一方数据的商业价值，数据轻松采集，数据源真实、可靠，科学、全面、准确的数据筛选，使受众营销更加精准，人群设置全面，标签、分组完善、细致，全面对接主流 DSP、Exchange、媒体，实现数据应用的全面自动化，多维度的数据统计分析、人群画像、跨标签分析模块，帮助更加了解目标消费者。

2）Smart Serving（Ad Serving 系统）。第三方广告推送与控制系统，对接各大主流媒体，实时优化，提高广告投放效率与效益，支持多种广告形式、多元化定向、创意优化，并支持基于 TA、频次的控制，支持广告主自主控制，能够自动化排查异常，实时规避低质量流量投放，支持流量质量的前置筛选和事后评估，事实判断并规避异常流量，内置防伪参数互验的双保险机制，有效杜绝恶意刷监测代码等作弊手段。

3. 广告资源与媒体平台

媒体平台合作伙伴：百度、阿里巴巴、腾讯、品友、悠易互通、谷歌、ReachMax、迅雷、音悦台、聚胜万合、筷子科技、风行网、暴风影音、优土集团、搜狐、PPTV、LeTV。

广告监测合作伙伴：Yoyi 互通、Mad House 亿动广告传媒、InMobi、Ad same 传漾科技、今日头条、安沃、喂呦科技。

4. 成功营销案例

Ad Master 精硕科技

Ad Master 已经实现了包括腾讯、百度、微博、微信和 CRM 等多渠道数据对接和激活，实现目标受众的精准沟通；同时，通过 Smart Serving PDB 技术助力品牌实现规模化"以人为本"的营销目的。在技术方面，为了确保"数据枢纽"实现安全、可靠的流通和融合机制，Ad Master 采用强大的分布式容灾系统架构和严格的权限管控体系，为数据流通提供安全保障机制。Ad Master "数据枢纽"战略已经取得了显著成效，为数据流通和整合铸就了坚实的基础。在数据流通方面，Ad Master 为品牌打造了技术成熟的品牌第一方数据管理体系，同时帮助品牌实现第一方数据与行业内主流数据提供方的数据连接；在数据融合方面，Ad Master 以高精准和高覆盖为核心评估指标的多终端"同一用户"ID 识别技术已经落地，实现了基于"同一用户"的多媒介和终端行为数据的融合。

资料来源：根据《2021 年企业数智化转型升级创新服务企业》和《2017 年易观发布中国移动 DSP 市场报告》相关报告资料汇编总结而成。

第四节　计算广告类和短视频业务类广告媒体投放商

1. 人工智能核心技术

核心优势是拥有海量数据及更为完善的训练样本，在人、数据、算法、内容之间形成完整的反馈闭环，丰富多样的实际应用场景，并聚集了来自国内外的顶尖人才。主要研究领域为机器翻译、搜索、自然语言处理与理解、知识发现与数据挖掘、机器学习、语音识别与合成、人机交互、计算机视觉、计算机图形学、增强现实。

2. 创新的核心算法：广告投放漏斗理论

广告投放漏斗理论是基于广告优化流程、广告展示的预估收益（Effective Cost Per Mile，ECPM）、三大定向来完成的，是用来预估互联网广告收益的模型。

广告优化流程分为：账户结构规划、创建广告组、创建广告计划、创建广告创意、广告投放、报表分析、广告优化。广告展示的预估收益，即竞价广告按照每千次展现的潜在收益 ECPM 排序，从而完成广告的精准投放和优化管理。三大定向指的是：其一，地域定向（GPS 定位、IP 地址定位、历史活动定位）；其二，性别定向（兴趣定位、App 定向、自定义人群包）；其三，人物属性定向。广告投放漏斗理论就是基于以上三种模型完成网络广告的精准投放以及广告收益预估的，具体指的是以下流程：①广告已加载。②过滤不在广告定向过程内的用户广告请求。③过滤对广告明确不感兴趣的用户的广告请求。④过滤看过同类型、同个广告次数太多的用户的广告请求，进入粗略排除。⑤粗略排除 ECPM 较高，获得进入精细排除阶段的资格。⑥精细排除 ECPM 高于门槛，可参与 ECPM 排名。⑦ECPM 排名靠前，成功进入下一步。⑧和文章混合排版后，ECPM 竞价胜出且无品牌广告，成功投放。

以上是对我国四类具有代表性的大数据营销企业类型的核心技术的总结，也可以说这四类大数据技术企业代表了我国在此领域的最高成就与技术现状，从考察可以得知，我国大数据技术的发展速度很快，尤其是我国巨大的消费潜力的这个背景，也促使了大数据企业技术与国际大数据技术的快速接轨，是我国经济发展最有活力的表现，这四个大数据技术企业分别在高端媒体、传媒数据综合、数据精研、计算广告和短视频业务方面具有自身的价值优势，形成业内的价值壁垒，并随着业务和经济价值的不断扩张，逐渐在业内形成技术优势和分工优势，从而形成更大的产业优势。因此，大数据技术企业也将伴随我国经济发展而逐渐呈现出更大的技术优势和经济价值优势。

实时竞价广告产业核心技术分析篇

第五章 实时竞价广告（RTB）中的大数据技术基础

　　实时竞价广告产业的核心技术分析篇主要分为三个部分：一是实时竞价广告中的大数据技术基础，主要介绍实时竞价广告（RTB）可以使用大数据技术的社会因素及技术因素。二是实时竞价广告的交易平台，主要介绍实时竞价广告的技术基础以及线上广告交易平台，这是实时竞价广告得以完成交易的条件。三是程序化买方DSP运行机制，它是实时竞价广告得以投放并取得收益的物质基础，因此也做详细介绍。大数据时代，广告主越来越重视大数据带来的巨大商业价值，也使整体数字营销行业的发展呈现出三大趋势。第一个趋势：大数据资产沉淀价值的本质逐渐显露。广告主对于数据价值越来越重视，希望通过自己建立大数据系统进行资产沉淀，充分发挥数字资产的价值，使数据资产优化提升自身的数字营销能力。第二个趋势：很多企业已经不满足从第三方机构采买所需数据，因此可以发展自己的大数据技术，结合原有的消费者数据库系统，自己建设实时竞价广告DSP平台投放广告。第三个趋势：广告主对线上和线下的大数据有着很大的诉求，迫切希望与精准的数据支撑销售及生产决策。大数据就是通过各种数据采集手段采集到线上线下的用户行为数据，经过清洗、分析、管理等数据挖掘技术并结合营销业务，从基础业务运行支撑、报表分析、人群画像、地域定向、性别定向、人物属性定向、销售自动化、营销精准化、决策支持等各个方面发挥巨大价值。目前我国广告公司的运作都在进行内外部大数据化的技术改进或改造，经过为期半年的在我国各地主要的广告公司的调研，我们对我国广告公司的大数据技术的运用及普及运用和对广告公司在市场运作和收益方面进行了深度调研，由此可以看出大数据技术在广告产业领域中的引领作用和未来的发展趋势。

实时竞价广告属于程序化广告中的重要类型，互联网广告主要包括合约广告、搜索与竞价广告、程序化交易广告和原生广告，因为程序化交易广告的跨屏技术、精准投放，催生快速更新的数据，可以为广告主提供丰富的数据资源，尤其是实时竞价广告，不仅可以精准捕捉消费者的消费动向，而且可以明确反映广告主的竞价实力及广告要求。近年来程序化交易广告逐步拓展业务范围，逐渐成为广告主尤其是零售商广告主的首选，实时竞价广告也随着快消品经济的发展而逐渐得到业内的认可与肯定。但是无论哪一种互联网广告形式，其能够受到欢迎，与其先进的技术和便利的获取渠道都是分不开的，同时在先进的技术背后是基于人性化的处理技术，也就是实时竞价技术的可存在性条件，下文是实时竞价广告技术之所以存在的数据技术及基础。

第一节　人的唯一识别性

大数据的首要任务是精准分析目标受众，并对目标受众的特点及场景进行有效的营销管理，海量的数据正是消费者的自我特征画像，所以追踪个体用户行为、对人的唯一性标识是营销大数据的关键，也是实时竞价广告精准投放的关键。而人的唯一性标识是基于个人本身的独有性而存在的，比如现实世界，人们用身份证来标识一个人具有独一无二性，在医学上用 DNA 鉴定的方式来确定一个人，CRM 系统中通常用手机号来标识一个人，因为手机号不仅具有唯一性还具有独特的标示性。同理，个人电脑 PC 端由于每个人的关注点和搜索点都有不同，PC 端的 Web 网站对于用户的浏览行为常使用 Cooike ID 标识。很多网站及服务常用各种会员 ID 来标识一个人，比如会员 ID、QQ 号、微信号等，移动客户端 App 也会有常用设备 ID 来标识手机的唯一性也就是人的唯一性。用户数据由于其产生和采集场景的不同特点，造成大量的数据围墙，也就是说，人具有唯一性，但是由人产生的数据却不具有联系性，因此单独的数据孤岛能创造的价值十分有限，所以 ID Mapping 成为数据互通的核心，只有 ID 能打通才有可能联通各个数据孤岛，促进数据流动从而产生数据价值。例如 PC 端、移动客户端 App、线下场景等都以手机号作为用户登录的账号，这样就可以使用同一 ID 来打通各方数据。一旦用户数据 ID 打通了，各区域场景中的用户行为数据自然也就联通起来了。

第二节　PC 端识别技术

PC 端，用户在互联网上主要是通过浏览器来浏览内容，并完成相应的操作，而 Cookie 是 PC 端标识用户的重要技术，也就是说，每一个用户都有属于自己的特定时刻特定需求的 Cookie。HTTP 协议是互联网的重要基础，而 HTTP 协议是一种无状态无连接的协议，不能在服务器上保持会话的连续状态信息。对于非客户端 EXE 或 App 程序的用户，使用标准网页浏览器浏览网页的场景，浏览器很难同服务端保持客户端用户的状态，这样就出现了 Cookie 的需求。Cookie 是能够让网站 Web 服务器把少量数据存储到客户端的硬盘或内存里，或从客户端的硬盘里读取数据的一种技术。Cookie 文件则是指用户在浏览某个网站时，由 Web 服务器存储在浏览器客户端计算机上一个小文本文件中，其格式为"用户名@ 网站地址【数字】. txt"Cookie 的主要功能是实现个人信息的记录，它最根本的用途是帮助 Web 站点保存有关访问者的信息。概括来说，Cookie 是一种 Web 应用连续性的方法。

第三节　移动端识别技术

随着移动客户端的普及，越来越多的数据企业意识到广大的价值数据隐藏于移动客户端中，移动客户端 App 的主要应用在于通过追踪用户的设备 ID 来确定分析用户的消费行为，因此现在大多数的广告公司和企业在数据分析方面是以移动客户端的识别技术来定位的，也足以看到移动客户端的普及是势在必行的。移动端 ID 是大数据收集及分析技术中的基础技术设备，它具有追踪个体用户行为，满足广告监测的需求，广告投放时在移动端 ID 上我们可以清楚地获取到用户观看广告的频次等，也可以通过移动端 ID 来追踪这个用户，对于 App 运营及产品相关从事人员，移动端 ID 还需要定量追溯个体的连续消费行为来分析产品，优化产品体验。广告业务的精细化运作需要个性化推荐及广告，而移动端 ID 追踪用户，进行个性化的广告投放，要在合适的场景对该用户推送适合该用户的广告。移动端 ID 还可以打通数据孤岛，单独的数据孤岛创造的价值是十分有限的，大量的用户数据因为其产生和采集的场景区隔性特点，形成大量的数据花园围墙，所以就需要移动端 ID 来联通数据孤岛，促进数据流动创造数据价值。

1. 跨屏识别技术的方法与应用

跨屏识别技术主要是指跨移动/PC 端识别，而不是不同的 App 之间的或者不同的 Web 网站之间的。其实，真正的跨屏识别技术并不是指使用会员账号 ID 来打通，而是真正的信息瞬间移动跨屏技术，比如华为 MateBook X Pro 系列笔记本，作为随着大数据技术启动的硬件设备，华为在跨屏技术的开发及应用上一直走在世界前列，华为首先解决了全面屏的问题，高达91%的屏占，3K 的分辨率直接解决跨屏移动后的分辨率问题，3∶2 的屏幕比率，在阅读文档和处理显示更多的内容，十点触控解决了跨屏移动数据的精度问题，三指下滑截屏，自动识别文字、电脑、手机，真正实现跨系统实时互动，使多屏协同更便捷。这也解决了目前存在大量局域网使用统一上网 IP 和 IP 漂移的问题，比如当用户访问 PC 页面或是 App 页面等各种场景时，引导用户录入统一会员 ID 或手机号进行登录来打通这些割裂的数据体系。而华为 MateBook X Pro 系列笔记本打破了只有录入会员 ID 或手机号的方式，直接采用录屏的方式或十点触控的方式进行录入，减少了植入数据互通的链条及线索，也就减少了出错的可能性，增大了数据采集的精准性。也可以说，华为一直在致力于跨屏识别技术的业务应用，其实也是在打破不同设备间的数据识别壁垒和数据割裂，从硬件设备的技术提升完成数据的跨屏精准采集与传输，并使用人工智能的方式简单操作，大大节省了人力、物力的消耗，逐渐地减弱了大数据技术在空间领域应用的阻隔和限制，为广告产业进一步采用大数据技术应用扫清了障碍。

数据的割裂是由于用户交互及功能场景区隔导致的，其深层次的原因实际是各业务系统及用户服务搭建时，由于系统建设目标的限制，只关注隔离系统内用户互动的诉求，所以并未整体规划数据互通流出通道。所以这个数据打通的问题一定要整体规划、全盘设计，从业务打通方向来梳理数据流转，并在各系统目标中落实业务互动的需求。但是由于打通整体数据，全盘规划耗时耗力，在短期内很难见到效果，大部分的业务也具备数据转换空间的能力，所以很多业务系统是不做系统整体数据规划的，这就需要后期的硬件设备进行数据打通的业务，比如华为 MateBook X Pro 的技术，只有这样才不会遇到其他业务单元不配合，纯粹为了己方的打通需求迫使其他业务单元开放数据及改造而没有任何收益的情况。当然，作为行业协会或运营商或一些基础设施提供商，完全可以利用自身的资源优势提供类似的 Mapping 的互通服务。这也是未来互联网产业尤其是大数据产业升级转型的重要方向之一。

2. 受众数据及来源

再好的软硬件设备也必须有海量的数据内容作为支撑，从数据挖掘到数据分类再到新业务广告营销开展、新产品开发，所有和业务增值以及将技术转化为资本的方式都离不开海量数据的处理和开发，所以受众数据及来源是大数据技术应用的根本。"受众"（Target Audience，TA）一词是营销领域的关键词，是指精准营销中需要进行广告投放的重点目标人群。所以程序化广告及精准营销的核心就在于定义哪些场景出现以及哪些典型行为是目标人群的典型数据，比如线上浏览过广告主官网的、线上点击过广告的、线下逛过实体店面的、线下购买过产品的，甚至是打过咨询电话或在线上进行询问并留下过联系方式的，都属于受众范畴，都属于需要精准营销的目标人群范围，对这些人群的各种行为数据进行收集及分析是程序化广告尤其是实时竞价广告的主体业务核心。

受众数据的类型从大体上分类为线上数据和线下数据，用户在不同的业务场景及诉求下，会在线上、线下产生大量不同类型的行为数据，这些行为数据包括受众消费前、消费时、消费后的心理和消费行为数据，是本书研究中主要的收集对象。常见的用户线上行为数据主要包括：

（1）用户浏览网络页面的行为数据，即记录用户在 PC 端及移动端上浏览网络页面的行为数据。这类数据主要描述哪个用户在哪个时间点、哪个地方、以哪种方式完成网络哪类行为，从而了解受众行为偏好，尤其是消费行为偏好，从而预测受众消费喜好，这里的行为数据包括用户 ID、用户行为、用户设备、IP 地址、URL、地理位置等数据。

（2）站内与销售数据，即用户在广告主官网、EDM（电子邮件营销）、电商网站或 App 中产生的行为数据，往往表明了非常明确的目标用户及其兴趣，例如站内流量、搜索、浏览、比价、加入购物车、购买、页面停留时间、注册情况、留言等数据都属于站内销售的重要数据。

（3）社交数据，社交数据也是比较重要的受众数据，社交数据不会像站内与销售数据那样直接表明用户的消费心理与行为，但是却可以清楚地表明受众的喜好、看法和态度，属于数据中的二次数据，尤其是对于有消费倾向的社交数据则更需要进一步地分类挖掘。比如，用户在微信、微博、QQ、论坛等社交网络产生的数据，包括社交账号数据、受众属性数据（性别、年龄、学历等）、行为兴趣数据、对待某些社会问题和热点话题的态度、看法和支持偏好等数据都属于社交数据。

第四节　线下和线上的行为数据特点

用户线下行为数据常见的类型包括 CRM（客户关系管理）系统中的用户数据、用户到线下店面进行的消费行为数据、用户线下的位置及轨迹数据、用户线下消费的数据等。线下行为数据性对于线上行为数据而言，线下行为数据更加可靠。比如用户要购买一件家用电器，购买意图十分明显，所以我们如果能掌握精准的线下用户数据，并进一步打通线上和线下用户数据，那么这些数据的价值和意义是巨大的。线下行为有三个更为突出的特点：

（1）成本高。线上行为相对来说比较简单，更多的是用户动动鼠标或者手指，而线下行为，用户需要出行到店铺现场，这就有出行成本和时间成本，而这两者成本显然要大于指间运动成本，所以相对来说，用户目的性会更强一些。比如，用户在官网上看到某个位置的房子，同直接去售楼部看房和咨询的行为比较，直接去售楼部看房和咨询的行为意愿和目的性显然相对是更强烈一些的。

（2）群体性。线上的行为因电脑、手机屏幕的局限性，大多还是以个体交互居多。而线下购物、逛街等，很多时候都是几个人一起的。所以我们在对线下数据进行分析的时候，也需要更多地考察群体消费的意愿和从众心理的趋向，所以更具有数据挖掘的价值和意义。

（3）更真实。互联网对于很多用户而言，还是个虚拟的世界，在互联网中，很多人会关注平时因为各种条件限制很难关注到的内容，比如，在搜索引擎中搜索婴儿用品的不一定是妈妈，还有可能是爸爸。但是相对而言，线下的数据更加真实可靠，更能反映受众现实社会的经济活动。

第五节　数据的来源

我们一般按照数据的拥有方及来源将数据分为三类，依次介绍如下：

（1）第一方数据：数据的拥有方是广告主，这类数据简称广告主第一方数据。典型的比如广告主内部数据（CRM）、广告主官网数据、线下店面安装设备收集到的数据等，在 CRM 系统中还会有用户注册会员的时间、会员等级、消费记录、售后记录等。通过这些数据都可以分析不同受众对不同产品及服务的满意度、青睐度、知名度等指标，尤其对于发现新的个体销售机会以及新的市场需求和新产品及服务开发都是十分有价值的。在广告主官网及线下门店收集到的数据中有受众第一次到访时间、在哪些内容和产品展台前停留的时长、用户对产品及内容的浏览轨迹、用户对某些内容及产品的关注度及用户的回头率，以及对服务人员的资讯信息及反馈信息等，对这些数据进行分析，都能十分有效地发现商机及潜在购买意愿的用户。这对发掘不同人群、产品及内容展示缺陷及优势都有重大的指导意义。

（2）第二方数据：是广告投放方（媒体方、DSP 方等）通过广告投放获取用户对于该广告在媒体上的互动数据。所以数据是广告投放方及广告主共同拥有的，对广告主而言是第二方数据。这类数据主要是广告对机会用户点击的数据。通过广告对用户的曝光次数，我们可以据此分析广告推广的力度够不够，通过点击数据还可以分析广告的内容对用户的吸引度够不够。如果能结合第一方数据，即用户到店及广告后续的数据即可分析广告的效果如何，进而可以分析不同渠道对产品的推广效用如何。这些都是我们在营销活动中对投入和产出进行评估的十分重要的依据。

（3）第三方数据：同广告主无任何关系，第三方数据供应商提供的数据对广告主而言就是第三方数据，例如第三方检测公司提供的数据、其他剔除用户隐私内容的数据，甚至是竞品的数据都属于第三方数据。广告主经常会寻找竞品的数据，通过对竞品数据的分析，可以有效帮助自己调整竞争策略，直接争夺竞品用户、发掘市场空白领域。关于第三方数据，有一种较公开的数据来源方式，即DATA交易市场。各DMP（大数据管理平台）供给方可根据自身的数据特点，在DATA交易市场中售卖数据，而在国内虽然也出现了一些数据交易市场，但是都是为"线下数据买卖"提供的交易场所，并不是通过技术手段对接的数据服务交易市场。总之，数据的类型有很多，不仅局限于广告投放数据，还包括各种线下、线上、CRM、调研、第三方数据。数据的采集、打通、管理、分析、运用就是广告主的日常重要任务之一。

第六节　大数据管理平台

数据要想发挥自身价值，给广告主带来商业营销利润，就需要一个集中采集、存储、处理、分析、运输运用的系统平台，即大数据管理平台（Data Management Platform，DMP）。通过该平台将线下、线上、内部、外部的海量数据管理起来，并分析处理，为实际业务运用做储备。营销是一个十分强调实证性和实践性的领域，所以有关大数据及相关技术尤其是广告领域的大数据技术是发展最快且落地最快的，因此想要发挥大数据技术的最大价值，就必须先建立完善的DMP系统，这样才能为大数据技术发挥作用提供有力的技术支撑。DMP对于大数据技术而言具有重大的价值意义，主要体现在以下三个方面：

（1）消费者洞察。基于线下数据的消费者洞察，相对线上来说更贴近现实，更能代表消费者意图，是十分典型的目标受众分析样本。所以对于这些典型用户进行问卷调研、线上行为数据采集、线下行为数据采集，得出这些典型用户的人口属性、兴趣特征的洞察，对调整产品的定位及功能特性意义巨大。图 5-1 为线下门店购物人群画像示例，是通过在线下店面采集到用户的设备 ID，然后分析这些用户的线上网络及 App 中的行为，得出到店面消费的受众性别比例、学历情况、年龄、收入、婚姻与否、收入如何以及关注的线上 App 的情况。根据这个人群画像，广告主可以了解到关注其门店品牌及产品的人群性别学历情况，以及哪个年龄段的人数较多，与婚姻情况是否有一定的关系，最重要的是可以观测到这些受众平时接触最多的线上 App 是什么，有助于广告主在投放互联网广告时有的放矢。例如，综合图 5-1 至图 5-4 可知，到店人群中已婚月收入 8000 元以上的 35~44 岁最多关注微信的女性消费者到门店购物比例较大，那么产品及宣传的调性应该趋近优雅、精致、高品位的生活导向，这样才能会有更多的有此类消费需求的中年受众与之产生共鸣和做出响应，进而促进产品的销量提升。同时值得关注的是，这些目标人群对微信和支付宝是比较忠诚的，所以广告主可以在这些媒体上投入相应的广告费用，以求更多的品牌关注与目标效益。

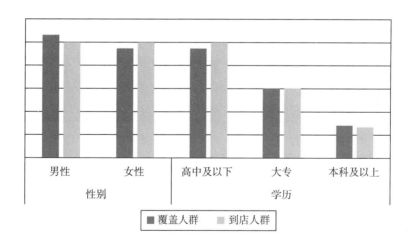

图 5-1　线下门店购物人群画像示例（1）

资料来源：根据倍市得 TMT 行业调研及客户体验管理用户画像研究相关资料总结汇编而成。

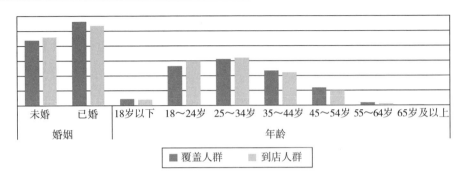

图 5-2　线下门店购物人群画像示例（2）

资料来源：根据倍市得 TMT 行业调研及客户体验管理用户画像研究相关资料总结汇编而成。

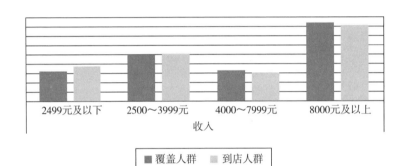

图 5-3　线下门店购物人群画像示例（3）

资料来源：根据倍市得 TMT 行业调研及客户体验管理用户画像研究相关资料总结汇编而成。

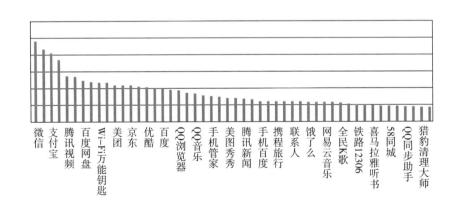

图 5-4　App 关注度

资料来源：根据倍市得 TMT 行业调研及客户体验管理用户画像研究相关资料总结汇编而成。

（2）渠道效率分析。随着互联网线上和线下渠道的双向开拓，线上和线下闭环引流成为众商家目前不断追求的销售目标。所以掌握线下的用户数据，并打通线上数据的设备ID，就能比对线上广告投放情况的相关数据，对线下引流到店做出相应贡献。线上线下的闭环营销，大大提升了媒介的效率。首先通过线上广告投放、监测、收集线上各类广告渠道投放的形式多样、内容匹配的广告，用户浏览广告及点击广告的设备ID。其次，线下店面使用场景色彩冲击展示采集用户的设备ID。最后，将线下采集到的设备ID同线上广告渠道监测收集的广告浏览及点击的设备ID进行比对，从而建立产品与线上、线下消费者的联系，同时得出线上渠道和线下店面的销售额贡献情况，所有这些数据可以十分有效地评估不同渠道的效率。

（3）数字营销的引导。线下到店的受众人群往往都是产品的重要关注用户，可将这些用户作为典型性样本来进行消费行为和心理研究，以此作为目标特征，来寻找更多具备类似特征的潜在客户，并通过程序化广告的方式来进行广告投放。这将使得精准营销的方向更容易落地，也更有实效。以中国汽车用户线上行为分析为例，首先，从汽车4S店中采集到店顾客的设备信息。其次，从不同维度对店面顾客人群的网络行为进行大数据的机器学习，得出到店顾客的典型行为特点。将这些买车客户的行为标签化"一线城市车主生活节奏快，城市出行应用使用频率高，习惯阅读娱乐资讯、新闻、金融资讯减压"。再次，根据这些核心人群的标签及画像，加大寻找那些具备类似行为特点但是还未到店的人群，将其作为潜在的客户人群，潜在客户一直是广告主关注的重点目标群体，对于那些大宗消费的商品，这是新增销量的主要来源。最后，对于这些寻找出来的潜在汽车消费的客户人群，通过广告交易平台及合作的App媒体进行精准的汽车广告投放，将产品广告信息有效地传播出去并触达这些高净值人群。这种通过大数据对数字营销的指导，是程序化广告十分典型的应用场景。通过对到4S店面线下消费的顾客的分析标签化以及对潜在客户群体的分析，我们可以得知这些顾客在城市出行、社交、新闻资讯、金融、O2O方面都有特别的关注和爱好，这样对于我们决策广告投放、新营销计划的实施以及新的消费增长点的确定都有十分重要的意义，也展示了数据分析的价值。实际通过DMP系统对大数据的管理分析，可以解决的业务问题还有很多。有必要强调的是，在业务实践时不能为了采集数据而采集数据，一定要先明确业务运用的方向和现实业务中需要解决的实际问题，然后从问题找到解决问题的方法，这就有赖于对数据中显示的可能存在的运营问题的挖掘和分析，以解决实际问题为方向去采集、管理、分析数据。这个过程也是一个持续化闭环的过程，若在解决实际问题时发现数据采集的场景、数据维度或分析方法不匹配，就需要管理及处理流程。

第一方、第二方、第三方的大数据管理数据处理流程在运作机理上都是一致的，其目标都是为了寻找"有价值的数据"，没有价值的数据再大的"海量"也是无用的，所以无论何种数据，大数据的去粗取精、去伪存真的处理过程都需要经历数据采集、数据清洗/传输、数据分析、数据运用、建立模型创造收益这些重要的环节。

（1）数据采集的方法。各种线上线下的数据采集方法主要有三种：第一种方法通过典型场景安置代码及采集器采集数据、广范围地爬取数据、通过 API 接口同各种系统或第三方系统导入数据。第一种方法是典型场景安置代码及采集器采集数据：线上的数据采集主要是在网页中安置代码或在 App 中安置 SDK（软件开发工具包）或通过 API（应用程序界面）的方式收集数据。随着各种智能硬件及软件技术的发展，Wi-Fi、摄像头等都可以作为数据收集的方式存在，比如互联网解决方案供应商思科与 Facebook 将联手向酒店或零售店等公共场合的消费者提供免费的 Wi-Fi 服务。届时，当消费者在某个酒店时，可以利用 Facebook 账号登录，直接使用免费的 Wi-Fi 服务。当然，Facebook 做这项庞大的数据链接业务并非无用之功，酒店消费者庞大又精准的数据信息隐藏着高端精准的数据价值，而 Facebook 的数据开源实验中心位于北极圈以南 100 千米的瑞典吕勒奥镇边的森林里，它由数以万计的矩形金属板组成，这个巨大的数据中心是 Facebook 在美国本土之外建立的第一个数据中心，也是在欧洲最大的数据中心，所以它不必担心数据存储和硬件的散热问题，也为 Facebook 成为欧洲最大的数据供应商提供了基础保障。而新的线下数据采集手段也不断变化，物联网将成为未来工业界升级的关键。大数据的处理方法、流程不变，变的是"数据采集"的对象和内容，也就是线下用户行为，随着线下用户行为的变化尤其是互联网信息技术的参与，线上线下用户行为往往相互连接，具有融通性和联系性，所以在采集线下用户行为的时候，也要考虑线上用户行为的一致性和区别性。

第二种方法是广范围的爬取数据：线上的数据一般会采用爬虫技术（自动浏览万维网的程序或者脚本），爬取全网的网页页面、BBS、微博、微信、QQ 等内容，获取相关用户及内容数据，这些数据虽然数量巨大，但是对于商业运用和营销还需要进一步的提炼和挖掘，网络空间的信息质量是虚拟的需要精炼的。线下的数据会在一些人口密集区域收集相关的位置轨迹数据或是通过通信系统、交易系统采集海量的通信及交易数据，尤其是购物 App 的消费数据统计，当然，这些App 平台是部分开放数据的，采集的数据也是有限的，所以这些线下数据的采集也有很高的壁垒，比如银联的线下交易数据及客户信息数据、电信的通信数据、机场高铁出行数据等。

第三种方法是通过 API（应用程序界面）接口各种系统或第三方系统导入数据：API 接口导入自有的 CRM（客户信息管理系统）或其他已有数据封闭系统比较好理解。还有大量的数据是通过 API 的方式从第三方系统导入的。当然自有客户信息管理系统提供的信息是精准海量并且具有针对性的，广告主对这些数据的兴趣和运用的渴望也是与日俱增的。所以很多 DMP、DSP、Trading Desk 也纷纷提出了数据集线器又成数据融合的概念。就是把第一方、第二方、第三方的数据全部收集并汇集起来，然后通过打通 ID，打通消费行为数据，打通业务链条，将数据融合起来，并集中存储起来，供后续数据管理分析环节调取使用。这也是大数据海量数据来源的重要方法之一。

（2）数据清洗/传输。原始数据采集上来时往往都是不规则、非结构模型化的日志数据，而且数据大量存在重复、缺失、错误等问题。所以需要清洗数据的，并将清洗的结果传输到分析及运用系统中以供使用。可见数据清洗环节的质量及传输及时性对后续分析、运营决策的正确及效率影响十分重大。数据清洗的目标是发现并纠正数据文件中可识别的错误的最后一道程序，包括检查数据一致性，处理无效值和缺失值等。录入后的数据清理一般是由计算机而不是人工完成。原始数据之所以需要清洗，是因为原始数据的不规范性和可能会携带一些用户的隐私的相关数据，在数据清洗时，需要通过标签化、分类化、加密化等方式对这些数据进行脱敏处理。只有这样才能在后续数据运用环节合理地保护数据。数据清洗和传输还有一项重要的作用就是利用将非结构化的数据进行数据建模和数据治理等方法，将数据转化为结构化数据，即将数据模型化、分类化，比如关联分类、时间序列分类、聚类等，这样才能确保后续统计分析的速度。

（3）数据分析及运用。在上述两个环节的基础上我们会依据业务的需要对数据进行分析和运用，创造价值。可视化是数据分析及运用环节十分重要的展示窗口，通过这个窗口可以让更多的、各级工种能得到数据所传递的规律和价值，并使数据在工作决策中起到十分重要的作用。除了可视化及基础分析，数据分析及运用需要深度结合业务才能创造出巨大的价值。比如在营销零售领域，人群标签化画像、广告监测、媒介归因、人群自定义标签、行为特征分析、营销广告投放指导（访客找回、相似人群扩量）、决策支持等都需要大数据的支持，且都是十分重要的。数据分析其实是一个连续性的行为，首先需要进行数据的分类和整合，数据分类分析的方法主要有四种，即分类分析、聚类分析、时间序列分析及关联分析；其次根据营销目标和分析方法，建立适合的模型，当有在线数据输入和更新时，数据模型就可以迅速地采集相应数据并进行归类，从而显示出与营销目标符合的数据归类，供营销人员监测和分析营销情况，进而迅速做出判断和下一步的营销措施提升销售业绩和知名度，同时也可以根据数据模型显示的消费者信息来进行品牌知名度、美誉度的传播。

第七节　DMP 系统的层次及架构

大数据管理平台是完整的、对大数据进行管理的软件系统，其中包含各种基于大数据的软件功能。无论是第一方、第二方还是第三方大数据管理平台，其内部整体架构及数据处理流程都是一致的，都需要基础的数据采集、清洗、分析、运用的功能。数据管理平台（Data Management Platform，DMP）是把分散的多方数据进行整合纳入统一的技术平台，并对这些数据进行标准化和细分，让用户可以把这些细分结果推向现有的互动营销环境中的平台。DMP 能快速查询、反馈和快速呈现结果，能帮助客户更快进入市场周期中，促成企业用户和合作伙伴之间的合作，深入地预测分析并做出反应，带来各方面的竞争优势，降低信息获取及人力成本。DMP 的数据包括：①结构化的数据，比如 Oracle 数据库数据等；

②非结构化的数据，比如各种文件、图像、音频等数据。结构化数据（即数据库数据）在当今的信息系统中占据最核心、最重要的位置。结构化数据是对产生—使用—消亡这样一个完整过程的管理，就是数据生命周期管理。DMP 的核心元素包括：①数据整合及标准化能力，采用统一化的方式，将各方数据吸纳整合。②数据细分管理能力，创建出独一无二、有意义的客户细分，进行有效的营销活动。③功能健全的数据标签，提供数据标签灵活性，便于营销活动的使用。④自助式的用户界面，基于网页 Web 界面或其他集成方案直接获取数据工具、功能和几种形式报表和分析。⑤相关渠道环境的连接，跟相关渠道的集成，包含网站端、展示广告、电子邮件以及搜索和视频，让营销者能找到、定位和提供细分群体相关高度的营销信息。采集数据及运用目的方向的差异，会决定不同的 DMP 平台的具体业务功能根本性差异，但其整体的处理流程、层次及基本架构还是一致的。

以《数字营销核心平台——数据管理平台（DMP）市场洞察报告》中关于校园数字化 DMP 架构为例，校园数字化 DMP 架构中最基础的是软件、硬件、网络资源，也就是数据的采集传输层，数据中心平台包括全局数据、交换服务数据、业务数据，也就是我们所说的第二方和第三方数据，数据中心包括了数据抽取、数据处理以及数据共享，这是数据存储方面的业务，包括了对数据的基础管理，再往上层就是对整理加工后数据的运用部分，主体包括业务系统和信息服务系统，其实就是对数据的硬性使用和挖掘使用部分，在业务系统部分，将数据分配到管理中心、资源中心和其他网络应用中心，而在信息服务部分，则是对数据的挖掘和模型归类，完成数据对学生、教师、行政人员、领导、校友和公众的"一站式"服务中心，业务数据中间层是衔接下层数据层及上层业务运用层的重要环节，为业务运用层提供十分重要的中间业务数据支撑。基于这个支撑，在业务运用层，会采用常规的分析统计方法，较先进的并行计算、计算学习等方法完成校园数据流量监测、人群画像、媒介归因、人群自定义标签、行为特征分析、决策支持、营销广告品牌投放指导（访客找回、相似人群扩量）等业务功能。在可视化洞察层会将报表、趋势、报告、策略等结果通过管理驾驶舱一站式地进行输出，并提供常用的一些管理控制辅助决策者及业务执行人员对营销活动、数据采集的方向及重点进行干预。

本章主要介绍了程序化广告中的大数据基础，大数据基础主要包括的硬件基础和软件基础。首先，程序化广告的本质是人性化的数据显示，大数据的本质也是人产生的自身信息的容量，所以程序化广告的大数据基础一定是有关人员的信息传播的本质与特点，所以人的唯一性标识就成为大数据挖掘机相关技术的核心。其次，介绍硬件设施的发展，包括 PC 端识别技术、移动端识别技术和跨屏识别方法，这些都是以人的唯一性识别作为技术基础的数字代码为核心的大数据精准营销的根本。最后，就是数据的来源问题，大数据的海量数据是从人群中来，到人群中去，是所有受众自身产生数据信息的最广泛来源，虽然数据的来源广泛，但并不是所有受众产生的所有数据都可以拿来使用，这些数据有些是需要开发和整理的，有些是需要结构化的，有些是需要进一步挖掘和模型化的，所以大数据管理平台（DMP）就显得尤为重要，DMP 的重要意义在于将海量大数据转化为模块大数据，并让其产生经济和实用价值，并对商业决策产生重要的影响作用和辅助参考作用。当然，这些过程是必须具备一些流程和技术方法的。目前，DMP 正在逐渐走向完善，其功能也趋近多样化和完善化，相信随着大数据技术的进一步完善，DMP 的使用功能和实用功能将会被进一步开发和利用，从而为程序化广告的进阶提供相应的支撑和储备。

第六章　实时竞价广告的
交易平台（ADX）

　　随着 RTB 这种网络展示广告新兴交易模式的出现，实时竞价广告的主要交易场所——ADX（Ad Exchange）平台的作用逐渐凸显出来，ADX 平台因其工作的主要规则的严谨性、流程事项的多样性、典型功能的特殊性、关键效率观测指标的准确性等要点，日益受到 RTB 广告经销商的关注与使用，力求能在实际中更好地同 ADX 打交道，为自己的业务诉求服务。ADX 的工作程序基本上是由媒介人员以人工方式同媒体（或广告网络）的谈判、购买、投放广告触达受众的传统购买方式，逐步转变为基于大数据指导，通过程序化对接广告交易平台 ADX，对目标受众进行精准的广告投放。

第一节　实时竞价广告（RTB）的含义

　　实时竞价广告是一种精准的营销手段，概括起来就是"找对的人，出对的钱，做精准的营销"，真正达到"广告是给那些有需要的客户准备的"这样的营销思路。概括来说，实时竞价是一种利用第三方技术在数以百万计的网站上针对每一个用户的行为来进行评估和预测后的出价竞争展示广告的技术。整个交易过程在 100 毫秒以内完成，对最终用户完全是无感知的。与大量购买媒体广告位及投放频次计价不同，实时竞价规避了无效的受众触达，大大提升了受众的广告触达率，规避了无效的受众到达，只针对有潜在需求和购买能力的用户进行广告投放。RTB 对于媒体而言，可以带来更多的广告销量，降低广告成本，实现销售过程的自动化及减少各项费用的支出；对于广告商和广告代理公司而言，最直接的优势就是提高了效果与投资回报率（ROI），最明显的特征就是多个买家参与出价竞争；对于广告公司和代理商而言，也精简了广告投放的步骤。

实时竞价广告从本质上来说属于程序化广告和计算广告，从大类上来说属于网络广告，是广告议价、交易的新兴形式类型，在实时竞价广告的发展历史进程中，开始的实时竞价广告是由媒介人员以人工方式同媒体（或广告网络）的谈判、购买、投放广告触达受众，或者按时间、位置、包时段传统购买方式排期，大数据技术日臻完善后，大数据的样本属性功能指导精准寻找目标受众，通过程序化的方式对接广告交易平台 ADX，对目标受众进行精准的广告投放。实时的含义以机器代替人工，在 100 毫秒以内完成整个广告交易，让买方可以拆分机会、节约预算提高效率，而最终用户对此是毫无感知的。竞价：本质是多个买家参与出价竞争，让卖方选择出价最高的广告主，从而获得最大收益。而竞价主体分为 8 个流程：

（1）网络媒体方将广告资源介入到广告交易市场 ADX（Ad Exchange）系统中，一般接入媒体广告流量的系统或者说这些网络媒体方的聚合系统供给方平台（Supply Side Platform，SSP）。

（2）当有购买需求的用户通过 PC 端，或者移动客户端的浏览器访问媒体的页面，或者在移动客户端直接打开 App 时，满足用户特殊购买需求的广告位就被展示广告。

（3）这时媒体聚合系统 SSP 向 ADX 发送该用户的广告需求请求，也被称为广告曝光机会，同时也会携带由此需求的很多用户的行为需求数据，比如，广告位的基本信息数据包括网站、媒体频道、尺寸、页面 URL 等，该用户 ID、用户上网浏览器或 IP 地址等信息。

（4）ADX 会向各 DSP（需求方平台）发起竞价需求，并同时将聚合媒体系统（SSP）提供的用户行为数据一并传送至 ADX。

（5）DSP（需求方平台）根据该用户 ID，在自己的系统中进行数据挖掘，并通过算法决策和人群匹配，从而确定投放什么尺寸的广告、确定投放哪个产品广告，并通过对该用户及此次广告曝光机会进行价值评估，决定出价。

（6）DSP（需求方平台）返回匹配的广告物料及出价给到 ADX（广告交易市场），ADX 会判定所有出价中最高的 DSP 胜出，并将竞价成功的信息通知胜出的 DSP，同时将胜出的 DSP 需展示的广告物料给到 SSP（媒体聚合系统）。

（7）媒体方（SSP）收到需展示的广告物料后，将该广告物料在广告位进行展示，有购买需求的前期匹配用户就可以看到该广告。

（8）最后媒体方（SSP）展示完广告后，根据广告物料中的监测代码向各方发送监测数据（ADX、DSP、第三方检测等）。根据实时监测数据可以对用户的消费行为进行画像，从而对下一轮的广告物料进行重新排布与改进。

第二节　实时竞价广告的成交价格确定

对于实时竞价广告的市场价格确定，主要以成交价为基准，广告交易市场（ADX）对在竞价中的胜出者需求方平台（DSP）的成交价遵守的原则为"第二高价成交"也称为"次高价投标拍卖"的原则，根本原因是为了防止 DSP 方通过不断降低出价的套路来试探成交价，从而打乱竞价广告的市场规则。广告交易平台和供应方平台（SSP）与多个需求方平台（DSP）对接，利用拍卖，尤其是次高价投标拍卖（Second-price Auction）机制，实时抛售广告展示机会，实现市场的供需平衡。值得一提的是，次高价投标拍卖的成交价格的技术只涉及 PC 客户端及移动客户端，在手游和 App 应用程序领域，采用的广告投放都还不是实时购买与销售。其实，次高价投标拍卖是以"讲真话"为原则，在次高价投标拍卖中，出价最高者中标，但是他实际支付的价格是次高价。例如，在次高价投标机制中，有 5 个广告主为一个广告机会竞价：广告主 A 出价，CPM 为 100 元；广告主 B 出价，CPM 为 200 元；广告主 C 出价，CPM 为 130 元；广告主 D 出价，CPM 为 180 元；广告主 E 出价，CPM 为 150 元。拍卖的结果：出价 200 元的广告主 B 中标，但他只需要支付次高价 180 元即可，即广告主 D 的报价，但是 RTB 广告在此基础上增加了一个额外的要求：中标的广告主最后需要支付的价格＝次高价+预先规定的加价，在大部分 RTB 竞价中这部分预先加价都只是 1 分钱。所以回到上述的例子，中标的广告主 B 实际的中标价格为 180.01 元，广告主 B 赢得广告展示后实际需要付的价格是 180.01 元/千次展示，即 0.18 元/次展示。程序化 RTB 在拍卖广告展示机会中使用的是 CPM（千人成本）计价模式，是程序化广告世界的通用语言，而在移动应用程序 App 和手机游戏领域中，CPI（单次安装成本）和基于广告效果的计价方式才是主体方式。

第二高价成交是 ADX 的主流计价方式，也有极少数 ADX 是以"第一高价"成交的，即按照胜出者的州出价成交，这种计价方式适用于特殊的产品交易。2015 年底至 2016 年初，美国加利福尼亚旅游局赶在中国春节前夕回家大潮，推出了梦回"加"营销活动，并选择舜飞 | Bidding X 平台投放程序化精准广告。程序化广告的投放及营销活动主体分为三步：第一，发掘老客户价值，按照营销学界的一六定律，即发展一个新客户所需要花费的成本是维护一个老客户的六倍，重点利用访客找回技术，对历史人群数据进行重定向，轻松找回对美国和加州旅游感兴趣的用户，吸引他们参与回"加"活动，以节约营销成本。第二，发掘重点客户价值，按照营销界的二八定律，80% 的利润是由 20% 的客户带来的，重点发掘移动端客户及 PC 端客户的商业价值，形成"PC+移动"跨屏联动、"门户+视频+旅游垂直媒体+社交媒体"的多重组合出击，"banner+插屏+信息流"多重形式展现的媒体策略。第三，充分发挥第二高价原则，在 Bidding X 智能竞价技术的保障下，争取最优竞得率，帮助广告主获得更多向目标受众传播广告的机会，降低媒体成本，保回"加"之路畅通。通过近一个月的三大主体营销活动，舜飞 | Bidding X 为加州旅游局带来了超过预期的效果：总曝光超过 3870 万次，曝光完成率 110%，CPM（千人成本）成本低于 KPI（关键绩效指标）9%；总点击量超过 266 千次，点击完成率 161%，CPC（每次点击成本）成本低于 KPI38%；为活动页面带来了 20 多万独立访客，独立访问占比 95%，CPUV（单人获取成本）成本控制在 2 元左右。从上述案例可知，梦回"加"营销活动立足于消费者需求，放眼于大数据技术下的程序化广告的核心技术，采用智能竞价技术和第二高价拍卖结合进行总投放成本的最小化，合适的广告排布，最大化的营销传播效果，达到的预期绩效目标，充分体现了大数据广告的先进性和优越性以及对市场洞察的前瞻性和快速灵敏的反应速度。

第三节　ADX 的分类及与 DSP 的对接竞价流程

ADX（Ad Exchange）中文简称广告交易市场，从本质上讲是为了 Ad Network 之间的资源均衡和利益最大化，ADX 的作用是组织竞价，撮合交易。Ad Exchange 像股票交易市场一样，联系着广告交易的买方和卖方，也就是 DSP 平台和 SSP 平台，由于成功的 Ad Exchange 需要大量的媒体流量作为基础，所以 ADX 的运营商多为互联网巨头。在海外，主要有雅虎的 RightMedia、谷歌的 DoubleClick、微软的 AdECN 等；在国内，主要的 ADX 平台有 2012 年 4 月上线的谷歌 DoubleClick，2012 年 9 月上线的盛大 AA，2012 年 12 月上线的阿里巴巴的 Tanx，2013 年 1 月上线的腾讯 TAE，2013 年 3 月上线的新浪 SAX，2013 年 8 月上线的 Baidu 的 BES。ADX 的竞价模式除上述的第二高价成交原则外，还有常规竞价、广告位低价、广义第一价格、公开竞价等多种竞价方式。广告交易平台（ADX）最大的优势，也是实时竞价广告的核心技术，就是流量优选，所谓流量优选的本质是根据流量数据的变化和集中趋向，向 DSP 提供采买流量的决策依据，结合自身数据及 DSP 真实广告日志数据进行算法建模，以识别不同 Request 请求背后的流量质量，在节约流量采买成本的同时，依然能保持原有广告投放效果。流量优选可基于 IP 或移动端设备号（IMEI/IDFA/MAC）进行模型训练和在线查询。ADX 与 DSP（需求方）的对接是有要求的，主体要求有保证金的多少，月度消耗金额的高低，每个 DSP 的主体要求不一样，具体根据业绩和需求来确定准入门槛。对接流程主要分为商务流程和技术流程，比如签订协议和合同，提供准入账号已完成对接。ADX 虽然是互联网广告交易平台，但是对其主要媒体资源却拥有相应关系，同时根据对媒体的拥有关系，将 ADX 分为公开综合 ADX 和私有 ADX，ADX 不拥有媒体资源，但是扮演中间撮合买卖双方的角色，同时汇集流量集中售卖，从而全面地附能需求方平台。

今日头条通过人工智能技术及算法，为用户个性化推荐信息的超级内容平台，旗下产品涵盖多种类多场景。今日头条 ADX 不仅包含单纯的广告交易平台，而且包括一套优质流量资源、丰富流量交易方式，提供数据赋能服务的程序化投放解决方案。今日头条的 ADX 不再是"剩余流量"的甩卖集市，也不仅仅关注"长尾流量"，所谓长尾流量主要指网上非目标关键词，但是也可以带来搜索流量的关键词，而以往的 ADX 多是通过 RTB 程序化广告来关注"长尾流量"，今日头条的 ADX 打破"剩余流量售卖"的现状，将今日头条、西瓜视频、内涵段子、火山小视频等优质竞价流量接入今日头条 ADX，让程序化交易与本地广告同时竞价，共享优质流量。广告主在今日头条进行程序化广告购买，都有可能竞得今日头条优质流量，让 ADX 不再局限于长尾流量的关注。DMP 数据打通，助力程序化购买实现更优投放效果。

在传统 ADX 平台的资源分发环节中，流量方需要将请求广告的用户的标准化信息发送给需求方平台（DSP），DSP 通过自身的 DMP 进行数据管理，在 DMP 内找到接收信息所对应的人群数据，并反推出即将看广告的这位用户的画像与行为特征，从而判断其是否为广告主的 TA（目标受众）。这产生了会影响广告效果的两个问题：一是需求方平台 DMP 内数据需要量级足够大，ADX 输出一个信息都要能在 DSP 内找到对应的数据，才能进行后续的分析与处理。二是 DSP 的 DMP 数据处理能力也直接影响用户画像的准确程度，从而影响广告的精准程度。

根据 ADX 对其主要媒体资源的拥有关系，将 ADX 分为公开综合 ADX，它的主要特点是流量大、价格低，但是流量质量参差不齐，大量以长尾流量为主，也就是虽然可以带来搜索流量，但并非目标关键词，也有少量垂直领域头部媒体的剩余流量，比如百度的 BES、阿里巴巴的 Tanx、Google 的 ADX、360 的 MAX 等。今日头条不属于公开综合性的 ADX，属于以下介绍的私有 ADX，此类 ADX 从属于主要媒体方，以媒体方面的资源为主体。这类 ADX 中的流量质量相对好一些，因为是媒体自己的流量，价格会相对贵一些，比如几大门户类媒体的 ADX（腾讯、新浪、搜狐等）、食品类媒体的 ADX（YouTube、iQIYI、乐视等）、也包括今日头条、新锐移动媒体的 ADX（小米、陌陌等）。

DSP（广告主需求方平台）是需要先和 ADX 完成技术对接，广告主才能通过 RTB 实时竞价的方式竞购广告资源。DSP 同 ADX 对接的过程主要有九步：①商务评估。②技术评估。③两大评估完成后确定决策，满足自身业务需要后启动技术对接。④将 DSP 方的广告主素材行业类目同 ADX 方的类目做映射。⑤线上真实投放测试。⑥测试完毕并没有问题，DSP 内部整理相关审核及执行规范，组织内部培训。⑦对 DSP 销售推介。⑧对外广告主售卖。⑨DSP 在该 ADX 上的广告消耗逐步提升，完成广告主期望的品牌效应和传播效应以及销量效应。以下是对接过程中涉及的主要环节：

（1）商务谈判及评估：①商务谈判的第一个重要问题就是账期支持的天数，很多广告主尤其是 4A 广告公司会压 DSP 的账期至少 3 个月，从 DSP 的角度来说，希望账期越长越好。②有关客户的保护问题，是否提供客户清单，是否提供禁投行业，有一些媒体出于业务的特殊考虑，或是为了保护传统的销售体系的利益，对 ADX 部分的广告流量售卖有十分严格的客户保护政策（即部分广告主是不可以通过 ADX 进行广告投放的），DSP 方需根据自己客户的行业特点来选择是否对接。③首次介入的广告流量资源，比如视频、移动等，广告资源也是 DSP 方评估是否要对接 ADX 的重要依据之一。④DSP 方希望广告能够先投后审，所以广告主需要审核。⑤创意审核周期，广告主的诉求是广告下单后立即就投量，越快越好，所以 DSP 方对创意审核是比较关注的。⑥细节评估的一个关键是是否提供规范文档。⑦平台对接接口文档的提供以及细节评估，是评估工作量及成本的关键。

（2）技术评估：①技术对接采用行业标准 OpenRTB 的接口协议。②评估增加媒体支持接入的最大 QPS（Query Per Second）即每秒处理请求数，即最大的吞吐能力。这是评估服务器配置的重要依据，一般一台服务器在每个竞争请求处理速度小于 30 毫秒的前提下，能正常稳定处理 3000 QPS。短时的请求 QPS 高峰问题不大，但若长期的竞价请求 QPS 大于 10000 QPS，就会拉长每个竞价请求的处理速度，增大超时率及竞价失败率，这样就需要增加服务器。③DSP 会根据自己的业务情况决定是否所有的竞价请求都接受，这就需要评估 ADX 是否支持 DSP 设定 QPS 的限定，同时 ADX 也会根据 DSP 接入 QPS，来评估 DSP 的消耗能力，决定是否对接。④双方服务器所在位置的评估，主要是距离远近和信号强弱的评估，中国主干网的特点，异地的网络通信势必造成网络上的耗时增加，这样就需要压缩预留给 Bidder 服务器内部的处理时间。若 DSP 为了确保响应速度，只能通过增加服务器集群，通过降低单服务器的 QPS 来完成。比如有的媒体在华东、华北、华南都有数据中心，竞价请求分别会从这三个地方发出，但是服务器的运行速度不一样，这样就会导致不同的数据中心的服务器处理竞价成功率各有不同。比如选择阿里云 ECS 服务器地域（华东、华南、华北），一般用户愿意选用地域节点合适、节点速度快的服务器，主要有两个原则需要考虑：一是距离决定延迟，比如北京的用户离华北地区比较近，就选择华北地区 ECS 服务器，当然也可以自己测算服务器速度进行选择。二是用户群体考虑，全国各个地方的用户都可以选择阿里云服务器，但是随着长期网站用户的增多，就要使用阿里云CDN。CDN 是构建在网络之上的内容分发网络，提高用户访问响应速度和命中率，网站套上 CDN 时，客户访问时被引导到最近的网络节点，从而减轻服务器的压力，也不用担心服务器不够用了。⑤响应最长时间要求的评估。有些媒体出于保护自身媒体端的用户体验，以及不同部门协调问题会提出小于 OpenRTB 规范的时间要求。比如有的媒体 ADX 要求加上网络整体响应时间小于 50 毫秒。⑥移动端设备 ID 传递的评估，移动端的流量对接中，有很多媒体，因为各种限制不发送设备 ID 号，没有设备 ID 号就意味着无法从曝光—点击—到达—转化整个漏斗追根溯源数据化，更不用说用机器学习的方式来持续优化。⑦技术评估中一个重要的环节是移动端设备 ID 号是否符合规范。符合规范一致的设备ID，才能确保 DSP 能跨媒体投放广告，做频次控制、打通各方数据、定向人群投放。⑧评估第三方是否支持曝光及点击监测，也包括支持的条数。⑨评估接口文档是否规范，包括存在个性化的定义，个性化的定义会增加对接工作量及难度。

（3）评估技术对接确保流程及功能的正确性，包括少量的数据 GAP 比对。技术对接包括审核及投放接口的开发，审核及投放线下联调。

（4）类目及数据映射：ADX 及媒体方，为了控制价格策略、禁投行业等，都会从类目上设置规则，而各 DSP 方为了确保系统使用体验的一致性，一般会使用自体系统——一套类目系统，这样 DSP 方就需要将己方的类目同 ADX 的类目做好映射，才能完成对接，确保后续的广告可以正常投放。类目映射涉及：①创意类目映射。主要指创意类型和内容题材的一致性类目映射。②广告主行业类目映射。主要指同类行业下广告主的类目映射关系。比如力美的 DSP 广告行业的类目，将广告投放的类目分为原子标签层、行为标签层和目标人群层。通过三个层次的人群数据类目模型，广告主可以充分利用类目优化广告投放，针对性强，效果佳。

（5）线上广告测试：广告界有句话是"不测试，无市场"。线上广告监测分为曝光监测和点击监测，在曝光监测中，有一种监测叫作SDK监测，SDK是指软件开发工具集合，SDK监测是指媒体方通过在自身App内嵌入监测平台SDK的方式向监测平台上报广告曝光及点击行为并传递监测平台认可的参数，使监测平台可以以此进行准确的独立曝光报表计算与排查数据差异等的监测方式；监测平台的SDK要遵循中国无线营销联盟（MMA）的规范。一般集成一个SDK就可以跟不同的第三方监测都对接。嵌入检测平台的广告测试都需要流量的对接以及线上正式环境来进行投放测试的，嵌入检测平台SDK监测的好处是可以实时对比数据GAP（差距分析），以确保对接的正常无误。而线上正式环境的监测除了保证数据对接无误之外，还要涉及预算的批拨，也就是通过正式的广告投放到ADX、DSP、第三方检测机构，主要的环节包括财务预算申请、广告主审核、素材审核以及线上流量投放测试等。

（6）DSP内部审核规范：前文的线上广告测试完毕后，就是DSP内部执行规范及文档的更新工作，主要包括：①广告主审核规范及资质要求更新；②素材审核规范及格式要求更新。

（7）DSP内部培训：DSP方内部规范及文档整理好后，即可组织对执行及销售层面，展开相应的培训、推介资源、广告消耗。①执行、审核规范培训。②资源特点、售前推介培训。

综上所述，DSP平台是互联网广告交易撮合平台，主要流程是广告主行业具有大量的品牌产品信息，具有强烈的广告投放需求，而综合海量的广告曝光资源，包括综合门户网站、视频网站、垂直门户、移动App，从而实现流量变现需求，RTB人群实时竞价交易方式的出现，使广告主从购买网站转变为购买人群。DSP平台能够帮助客户做好广告预算的理财服务，包括：

（1）大众型服务，适合习惯传统媒体采购模式和希望采购成本固定可控的广告主，收费方式采用固定单价计算（CPM/CPC），广告主要想了解投放成效只需要由项目经理定期提供报表和结案报告就可以了，成本固定可控可以按照固定价格结算费用，因为成本锁定即收益也是锁定的，因而无法享受到实时竞价的好处，因此这一部分广告主需要进行投资模式的多元化，拿出一部分预算进行特色化服务。大众型服务提供包括提供专业 DSP 优化服务团队以及免费开放系统给广告主使用（提供广告主系统账号密码），收费方式主要有整体打包收费、实际媒体竞价或者优化服务费分列收取。

（2）特色型服务，适合的广告主类型主要是年度预算大且有长期品牌推广需求的广告主（尤其是品牌及产品线比较丰富的广告主），收费方式为实际媒体竞价费，广告主可以随时随地登录系统查看账户报表数据，每周定期召开广告投放双向沟通会议，特色服务可以节省成本，实时竞价的广告交易方式大幅降低投放成本，专业的托管模式大幅降低了运营成本，特色型服务主要指提供专业 DSP 优化服务团队，包括数据组、算法工程师、项目营销人员、优化工程师等，并且提供免费的开放系统给广告主使用，具体的收费方式有整体打包收费、实际的媒体竞价费用，特色型服务的主要成本特点是节省成本，实时竞价广告可以大幅度降低投资成本，专业托管模式可以大幅度降低运营成本，同时可以进行预算的调节，在广告投放过程中如果效果好可以增加预算，投放效果不好可以减少预算或者终止投资。

（3）自助型服务，主要适合的广告主类型是拥有可自助操作团队的广告主，收费方式是实际媒体竞价费用，广告主可随时随地在线上查看报表数据，自助型服务拥有一套强大的品推系统，广告主拥有了可以帮助将产品信息跟海量目标人群沟通的强大平台，在实时竞价的广告交易模式下可以大幅降低广告成本，弹性自主意味着广告主可自行操作系统、查看实际竞价成本可提供系统操作培训服务，所以对于使用特色型服务的广告主而言可以将一部分预算用于自助型服务，一部分预算用于特色型服务，然后比较两者在成本与效果上孰优孰劣，再决定选择哪一种作为双方长期合作的模式。DSP 的主体投放模式是创建投放计划、设置定向策略以及上传投放创意，通过时间定向、兴趣定向、媒体定向、人群定向、地域定向、标签定向六大定项模式，锁定用户群体，充分满足企业的投放需求，并通过图、文、富媒体和流媒体的方式最终完成投放需求。

第七章　程序化买方 DSP 运行机制研究

第一节　DSP 程序化买方基础运行机制

在中国的 RTB 产业链中，DSP 是最为重要的一个环节，DSP 的质量决定着中国 RTB 市场发展的成熟程度。目前，数字营销及数字产品营销领域进行高质量的产业升级发展，正在逐步使用程序化、数据化、智能化、闭环持续优化、瞬时化的主体方式来取代人工低效和广告资源浪费投放的方式。广告主运用程序化广告（实时竞价广告）对目标受众进行广告投放，由传统直接人工对接媒体（广告流量卖方）采买广告位置的过程，升级为经过 DSP（广告资源需求方）、ADX（广告交易平台），加上 DMP（大数据平台）的核心大数据指导，自动化来完成的过程。随着全球整个广告行业的上下游基础设施的发展和完善，比如近年来英国的实时竞价广告产业发展迅速，在广告技术的支撑下，使广告主在毫秒级竞争的数字广告空间，每天通过自动化手段在英国的网页和应用程序上投放数十亿在线广告，RTB 的广告技术要求也日益提升。虽然 RTB 广告承担着信息权归属的风险，这些风险来自画像和自动化，大规模处理（含特殊类别数据的处理），创新技术的使用，对多源数据进行合并匹配，地理位置或行为的跟踪，还包括一些不可忽视的处理。

DSP（Demand-Side Platform）是指需求方程序化买家，也就是网络广告的程序化买方操作平台，通过这个操作平台，具有广告投放需求的广告主买方可以根据自己的需求，精准对目标人群的每一次曝光机会，进行实时竞价购买。简言之，DSP 是一个在线广告平台，它服务于广告主，帮助广告主在互联网或者移动互联网上进行广告投放，DSP 可以使广告主遵循统一的竞价和反馈方式，对位多家广告交易平台的在线广告，以合理的价格实时购买高质量的广告库存。DSP 让广告主可以通过一个统一的接口管理一个或者多个 Ad Exchange 账号，甚至 DSP 可以帮助广告主来管理 Ad Exchange 的账号，提供全方位的服务。区别于传统的广告网络（Ad Network），DSP 不是从网络媒体那里包买广告位，也不是采用 CPD（Cost Per Day）的方式获得广告位；而是从广告交易平台（Ad Exchange）来通过实时竞价的方式获得对广告进行曝光的机会，DSP 通过广告交易平台对每个曝光单独购买，即采用 CPM（Cost Per Mille）的方式获得广告位。一个真正意义的 DSP，必须拥有两个核心特征：一是拥有强大的 RTB（Real-Time Bidding）的基础设施和能力；二是拥有先进的用户定向（Audience Targeting）技术。

首先，DSP 对其数据运算技术和速度要求非常之高。从普通用户在浏览器中地址栏输入网站的网址，到用户看到页面上的内容和广告这短短几百毫秒之内，就需要发生好几个网络往返（Round Trip）的信息交换。Ad Exchange 首先要向 DSP 发竞价（bidding）请求，告知 DSP 这次曝光的属性，如物料的尺寸、广告位出现的 URL 和类别，以及用户的 Cookie ID 等；DSP 接到竞价请求后，必须在几十毫秒之内决定是否竞价这次曝光，如果决定竞价，出什么样的价格，然后把竞价的响应发回到 Ad Exchange。如果 Ad Exchange 判定该 DSP 赢得了该次竞价，要在极短时间内把 DSP 所代表的广告主的广告迅速送到用户的浏览器上。整个过程如果速度稍慢，Ad Exchange 就会认为 DSP 超时而不接受 DSP 的竞价响应，广告主的广告投放就无法实现。

其次，基于数据的用户定向（Audience Targeting）技术，则是 DSP 另一个重要的核心特征。从网络广告的实质上来说，广告主最终不是为了购买媒体，而是希望通过媒体与他们的潜在客户即目标人群进行广告沟通和投放。服务于广告主或者广告主代理的 DSP，则需要对 Ad Exchange 每一次传过来的曝光机会，根据关于这次曝光的相关数据来决定竞价策略。这些数据包括本次曝光所在网站、页面的信息，以及更为关键的、本次曝光的受众人群属性，人群定向的分析直接决定 DSP 的竞价策略。DSP 在整个过程中，通过运用自己人群定向技术来分析，所得出的分析结果将直接影响广告主的广告投放效果。

总而言之，DSP 程序化买方的基础运行机制是广告主借助数据流和信息流（即广告投放的方向），通过广告代理公司在广告聚合的 DSP 平台，完成 Ad Exchange 广告交易平台的交易，通过广告交易平台上进行 DMP（数据整合平台）的分析与挖掘，然后匹配出适合 SSP（广告供给平台）进行网络广告的投放，投放到广告发布媒体平台资源，最后广告受众接受广告发布，这是现代数字产业升级的营销主体方式，DSP 在其中占据了主导地位，实现了闭环优化的效果，整个过程以竞价为中心，DSP 收集广告曝光，点击数据及后续转化数据，然后根据数据反馈而进行持续优化。DSP 的功能并不是一成不变的，它会根据用户需求不断升级改造，比如银橙传媒在 2016 年 5 月对其智橙移动 DSP 平台进行全面的战略升级，主体是围绕数据、资源、优化、升级等方面展开，主要将优质的流量、精准的人群定向将移动广告效果放到最大。智橙移动 DSP 作为银橙传媒 DSP 的优化升级产品，主要在优选资源方面具有独特的优势，主要有三个方面：一是超 5 亿独立用户；二是 1000 余国内主流 App 超 20 亿广告展现；三是深入合作媒体：淘宝 Tanx、Wi-Fi 万能钥匙、陌陌、百度、一点咨询、凤凰新闻等国内大流量媒体平台，其目的是进行对接竞价流量在移动端上的升级优化。通过对接流量交易平台形成海量数据，经过数据挖掘及分析，使投放效果可视化，同时进行实时互动数据的在线分析，找到符合广告主营销诉求的目标人群。智橙移动传媒的 DSP 广告平台，基于 ADPush 和云计算平台 Cloud 等全线升级，整合多渠道媒体资源，依托大数据分析，将用户数据标签化，通过立体交叉分析和多维度定向技术，以多样化广告展现，为广告主真正实现实时竞价自助投放，颠覆性地提升广告效果和投资回报率。智橙 DSP 主要通过全方位的产品链接完成，主要步骤有六步。①产品分析：全面分析产品应用特征，包括功能、内容、特性、用户、竞争者等。②用户定向：掌握用户的移动网络应用轨迹，深入了解目标用户上网习惯的需求。③强势覆盖：锁定用户和相关媒体应用，重点媒体人群强势覆盖，从而提升圈层传播效应。④优化应用：好的 DSP 找出产品缺陷和漏洞，不断完善，提升用户的使用体验品质感和信任感。⑤广告技术：无线终端技术的支持，兼容多样化创意展现形式，力保广告完美呈现。⑥持续优化：实时抓取数据，分析投放效果并及时调整，优化广告投放效果。银橙 DSP 始终以客户需求为导向，以覆盖周边 5 千米内的全部数据为基础，实现场景位置营销与 LBS 位置营销，提高广告精准触达及转化率，最终完成日覆盖 8 亿、30 亿 PV、4000 余行业标签、50000 余用户标签、1000 余国内主流媒体资源的超高业绩。

第二节　国内 DSP 典型模式介绍

随着数字营销与大数据广告的发展与普及，国内 DSP 也在不断拓展着自己定位、局域范围和商业模式，就目前我国国内现有的 DSP 典型模式来看，主要有四种模式：独立 DSP、大媒体自带 DSP、媒体私有 DSP、广告主私有 DSP。

1. 独立 DSP

独立 DSP 是指没有媒体资源，不包断流量，不用为媒体变现负责，独立于广告资源之外的 DSP 平台，本身没有流量，提供 DSP 平台给广告主投放，同时向媒体 ADX 采买流量，通过自身技术优势为广告主提供广告服务，向广告主收取技术服务费或者差价等。这种 DSP 可以更好地为广告主服务，以最大限度满足广告主的需求，独立 DSP 因为不会拥有媒体，所以就没有利益冲突，可以完全客观地为广告主挑选适合它的广告主曝光，并进行最科学的定价，比如中国最大的独立 DSP 品友互动在细分市场上做了深度挖掘，它们有专注服务大品牌的 DSP，有服务 4S 店的 DSP，服务电商的 DSP 等，品友互动可以做得非常立体化。因此，独立 DSP 被认为是实时竞价广告行业发展的方向和趋势，甚至有的局部领域独立 DSP 将决定着行业发展的中坚力量。

2. 大媒体自带的 DSP

大媒体方除了自身拥有 ADX 广告交易平台之外，还会自建 DSP 广告投放平台给广告主开户，投放广告预算到自己的流量当中，大型媒体私有 DSP 有三个优势：其一，流量是自己的，就意味着价格上有优势，流量优先级上有优势，外部 DSP 能承受的广告价格有限，媒体 DSP 可以直接给出最低广告价格，流量优先级上，部分媒体可能会倾向于内部广告主的消耗，优先保障效果。而外部 DSP

即使可以出很高价，也未必能拿到这部分流量，因为压根就不会发送请求到外部 DSP。其二，独有的数据优势，大型媒体的 DSP 数据更个性化和独特化，用户在媒体上看到什么内容、看过哪些广告、关注什么样的信息，甚至用户的会员信息包括性别、年龄等，媒体都是一清二楚的，他们可以更好地结合内部自身的数据优势，挖掘广告受众或潜在受众，更好地达到广告 KPI 要求，自然广告消耗量也会比外部 DSP 大。也有一些外部 DSP 是能投得比媒体 DSP 好的，这些 DSP 的特点是，对于广告受众或潜在受众的数据，比媒体还多还精准。一般是广告主私有 DSP，比如唯品会，有电商数据优势，更清楚买家在自己的平台关注什么商品、之前买过什么等，可以在私有 DSP 中将这些数据应用于在媒体流量上的广告投放，效果才有可能比直接在媒体 DSP 上投放广告要好。如果是独立第三方 DSP，除非有很强的数据支撑，比如有运营商数据，或者 BAT 数据等，或者能拿到广告主的细粒度的业务转化数据等，否则比较难直接赢得媒体的 DSP。其三，客户资源丰富，算法模型更清晰。大型媒体 DSP 客户种类比较丰富，可以助力算法训练，算法可以根据用户点击了哪些行业的广告等数据更好地得以训练优化，比起第三方 DSP 来说，基于客户种类的用户的广告行为等数据都要丰富，算法模型得到了更好的训练。在微信上投放的那些 H5 广告，还得用腾讯系的落地页，用户在落地页上面的行为，非媒体型 DSP 想要发展，广告主自建 DSP 用于盘活内部数据，或者具有"强数据、强客户、强预算"的独立第三方 DSP，才能促进非媒体型 DSP 的发展，所以 DSP 的发展在媒体型的基础上会受到诸多限制，独立的 DSP 在发展中会更受关注。

3. 媒体私有 DSP

媒体方自身除了有 ADX/广告交易平台外，还会自建 DSP/广告投放平台提供给广告主开户、投放广告预算到自己的媒体流量中。这种模式在目前市场上比较常见，对自有流量有一定的优先权和变现权，但是广告主想利用多种媒体流量资源，尤其是广告投放做跨媒体联合应用时，就比较困难了。

4. 广告主私有 DSP

大预算广告主自建的 DSP，对于媒体广告交易平台进行竞价投放，一方面可以减少中间商赚差价，另一方面又可以积累数据、盘活内部数据。比如银联智惠握有 POS 交易数据通过 DSP 变现、掌惠纵盈握有线下较大交通等场景数据通过

DSP 变现。这些公司在广告市场中也可以称为广告主在广告流量上相对公立，DSP 通过独有的数据为广告主创造价值，是核心动力。市场中的 DSP 我们主要从以下四个方面来评估它的发展：一是资源量及资源质量，即对接 ADX 的总量及资源质量，这点决定了可竞价广告资源的总量及质量；二是人群分析，即 DMP 的处理能力和特有的大数据，这点决定了精准投放决策的准确性；三是系统及算法，这点决定了是否能满足广告主多样的投放及优化需求；四是服务经验，主要包括服务人员的经验和系统的支撑能力。

第三节　DSP 的运行本质：广告产生效用的营销转化漏斗

DSP 的使用和运行除了上述介绍的一般规则之外，还必须对 DSP 的运行本质做进一步的探讨，这里就需要用广告产生营销价值及效果的转化漏斗及主要考核指标，广告投放是通过多种渠道对受众进行品牌曝光，让受众形成一定的印象，然后使用各种营销手段，保持与受众的长期互动，了解受众的定制需求，以促进受众产生购买欲望的同时，让受众对产品进行内部需求转化及购买行为。因广告信息传递的有效性及受众偏好以及购买能力的不同，会使这个从信息传递到购买行为的转化路径尤其是意向购买人群的数量呈现出逐级损耗、逐级筛选的趋势，呈漏斗状的趋势减少。营销转化漏斗实际就是将潜在用户转化为用户的过程。主体转化的过程有营销过程中的环节转化。营销转化漏斗的价值在于量化了营销过程各个环节的效率，从中可以发现薄弱环节，最终都是为了满足用户购买或者消费的目的。

线上营销漏斗反映了从展现、点击、访问、咨询，直到生成订单过程中的客户数量及流失。研究线上营销漏斗主要意义在于控制营销过程，现代营销认为控制营销过程比控制营销结果更为重要。广告主可以通过各种推广渠道对受众投放广告，展示品牌及产品特性，在受众的脑海中留下对品牌及产品的一些印记，这就是我们常说的品牌曝光，也称为品牌露出。品牌曝光的渠道有很多，如传统的户外广告、线下的调研互动、软文推广、展示类广告（贴片广告、原生广告）、搜索广告等。这些推广渠道在运用时往往是相辅相成的。在制定具体传播策略之前一般都会进行线下的调研以确定广告传播的目标受众及传播策略，而调研活动若能结合品牌的特性做一些联动，则会带来一定的品牌效应。例如，面向年轻人的品牌及产品，调研互动可以在一些场景时尚的媒体上进行；面向商务人士的品牌及产品可以选择高端的场所进行。这个调研过程是在产品投放市场之前进行的，目标是通过调研确定市场细分，受众的偏好以及产品品牌市场定位，有针对性地选择不同的广告传播形式进行广告推广。比如，需要展示型的产品可以选择电视广告来进行推广，户外广告则可以帮助产品建立清晰而准确并且印象深刻的品牌形象，而由于户外广告的地域局域性会限制传播的广度，而且目前的户外广告传播效果数据采集技术还无法达到实时采集与传送，所以营销漏斗就会产生，还有一种品牌及产品宣传的手段就是软文推广，软文不同于简单的广告展示，更强调为读者提供有价值内容的同时为其推荐品牌及产品的特性从而达到产品品牌宣传推广的目的。一般软文推广比较依赖社交媒体的传播和社群传播，属于 PCG 和 UCG 的主体比较多，但是无论是哪种传播方式，都可以在消费者心目中产生一定的影响，消费者如果产生兴趣就会产生后续的点击广告和到达广告主网站并进行互动的行为。

其实很多消费者在看完广告之后一般都有一定的印象和看法，只有真正有消费需求的时候才会去搜索引擎中搜索相关的内容及服务产品，所以对于我们而言，我们要做的就是了解消费者需求的关键词并且购买下来，对相应的关键词搜索的用户推荐广告，而用户看到自己感兴趣的广告之后，如果广告创意好、传播效果好、投放渠道也适合，消费者的购买意愿就会更加强烈，所以我们看到实时竞价广告的投放效果较好。搜索广告的量级会同品牌曝光的投入有一定的协同效应。但是，消费者在看完广告之后不一定会立刻产生购买行为，需要进行后续的信息搜寻和决策，同时用户的后续互动及产品购买转化行为相对品牌广告的投放时机也有一定的滞后效应。消费者对品牌有一个逐步认知、熟悉、犹豫、认同的过程，而这个过程也需要品牌曝光及同受众持续互动、引导推动的过程。受众对广告产生好奇并产生点击行为，可能是犹豫对产品感兴趣，也有可能对广告本身的创意感兴趣，还有可能是广告本身在消费者感兴趣的页面，使得消费者也关注广告及产品本身，所以不同消费动机的用户到达广告主网站之后，也会呈现不同的特点：对产品感兴趣的用户会留下联系方式，甚至留资，参与活动及活动互动，但是也未必会购买产品；犹豫的用户会有更多时间去获取行业内及产品内容并仔细分析研究，并得出目前自身对产品的期望和需要，如果用户自身的需要得到满足，则用户很可能产生后续的转化购买行为，认同的用户会特别容易产生转化购买行为，而且也会参与社区互动、进而二次传播，口碑传播吸引来更多用户加入，通过促销等手段吸引更多用户，产生忠诚度及认同感还需要持续互动来培养，所以针对这些用户的数据积累和分析进行特定需求产品的直接销售，发掘出用户其他相关需求进行产品捆绑销售，从而提高整体营销的投入产出比，创造效益。

整个营销就是针对用户对产品及品牌的认知过程的体现。在认知过程中，转化漏斗依据营销层次的递进，以数据分析为主要决策依据，全流程持续优化，持续不断地依据用户的不同认知阶段同用户持续互动，虽然转化漏斗依然存在，但是我们可以根据变化而不断调整营销策略，加强与用户的互动性，减少营销漏斗，提升转化率，让广告主在"漏斗"的不同层级设定不同的广告投放考核标准。

第四节　DSP 的目标投放对象

广告需求方平台的主要任务除了对广告主的广告投放诉求进行聚合与投放，还要对投放目标人群进行精准分类及传播信息的沟通，在 DSP 的关键技术试用下，我们主要对人群特性标签定向、访客找回、线下人群、相似人群等手段来确定目标投放对象，同时分析这些人群的广告效果差异及定向投放。

1. 人群特性标签定向

人群特性标签定向基于人群定向技术，通过对用户行为数据的分析，找出潜在目标客户群体的共同行为特征，并选择适当的媒体将广告投放给具有共同行为的受众。人群特性标签，即对目标受众的特性刻画，一般会从基础的人口属性、兴趣爱好、消费倾向等标签来描绘：

（1）人口属性：基本的人口属性如性别、年龄、区域、学历、职业、收入水平、家庭资产状况、人生阶段等。这些数据是结合用户的互联网行为的大数据，并基于一定真实样本数据基础上，依据行为相似度匹配而得出的，比如爱奇艺的广告定向就非常明确，就是定向用户的性别、年龄，针对产品目标群体具备显著的年龄和性别差异，投放具有针对性的产品和广告，同时有效锁定用户。

（2）兴趣爱好：兴趣标签是指通过分析用户经常观看或点击的视频内容，可以预估判断用户对于某些行业或品牌具备一定的爱好偏向。比如爱奇艺对于平台用户进行标签设定，主要就包括了地理位置、App 行为、广告兴趣、观影行为等大数据，这些大数据是判断分析用户兴趣爱好的最有利的参考。

（3）消费倾向：主要有两个方面的含义：一是指一定消费群体在不同时期对商品需求的变动趋向，它取决于消费者的购买力水平，商品品种和社会风尚等；二是指消费开支占收入的比例。这两个含义是对消费类型和消费金额的概括，房产、金融、汽车、美容、母婴、户外、美食、收藏、家居装修这些门类是对商品品种大类的概括，消费开支是对消费类型金额倾向的概括，这些数据都是依据用户的线上电商及线下门店的浏览而得出的。消费倾向数据是最有力的说明消费者偏好的数据。

2. 访客找回

访客找回是一种精准广告投放的尖端技术，通过这种技术，把广告投放给曾经访问过的客户网站的人群，从而通过二次、三次曝光刺激最终的销售，用户一旦对某产品或服务产生了长期的使用习惯，就会形成各种维度的数据，观测访客行为常见的维度涉及四个方面。①访客的行为：浏览商品、加入购物车、下订单、付款、评价、分享等。②广告曝光相关的用户互动行为：曝光、点击、后续访问官网、站内多跳、转化等；使用曝光找回可加大曝光强度、点击及访客找回可能会增加转化。③行为的时间特征：找回周期一般是 15 天，这个周期是可以调节的、频次、停留时间等。主要方法观察用户的行为特征，也就是在这 15 天内的行为变化及其规律。④沉睡用户：指的是用户因为某次推广活动而使用产品，或下载安装了 App，之后很长时间未打开过 App 或使用过产品服务。对于这些用户能使用 App 及产品服务，说明该用户已经对产品或服务有一定的了解和认知，所以对这些用户做"再次营销"以保证能够让这些用户再次唤起好奇心，进而促进转化。

3. 线下人群

线下人群也称线下消费人群，有真实发生的、当面的、人与人又通过肢体动态的一系列活动，或者事物真实具有实体存在的，这类情况通常被称为线下，常见的有社交活动、线下实体店营销等。线下消费人群的价值意义远大于线上人群，线下营销通过以线下人群为中心，将周围优质的商业信息整合、优化、筛选围绕在消费者周围，具有针对性强、时效性强的特点。

4. 相似人群

相似人群拓展（Look-alike）就是根据上传的用户属性，找到相似的用户，从而降低成本，提高转化，基于广告主提供的目标人群，从海量的人群中找出和目标人群相似的其他人群。在实际广告业务应用场景中，Look-alike 能基于广告主已有的消费者，找出和已有消费者相似的潜在消费者，以此有效帮助广告主挖掘新客、拓展业务。以广告主提供的第一方数据及广告投放效果数据为基础，结合媒体丰富的数据标签能力，通过深度神经网络挖掘，实现了可在线实时为多个广告主同时拓展具有相似特征的高质潜客的能力。

第五节　DSP 投放流程及注意事项

一个 DSP 项目投放的流程，从宏观上讲，主体有售前咨询策划、合同签订及下单、上线前准备、投放中有节奏地优化、阶段性回顾及结项，从微观上讲，就是识别用户、受众选择、进行实时竞价、展现广告、追踪转化五个环节。下面我们就这两个思路进行阐述。

1. 投放前积极准备

数字广告项目执行的成功与否，我们要做到的是有备无患和未雨绸缪，可能出现的问题在广告上线前就有必要检查出来，因此 DSP 流程正式开始前就需要做出充分的准备工作。

（1）背景信息的准备。背景信息中最重要的是合同的签订，合同的签订标志着项目的成型，这里有很多项目需要核查：

1）合同编号：将来财务要缴付和应收款项的重要编号。

2）项目名称。

3）合同金额。

4）购买单价及收费模式：CPM、CPC、CPA。

5）投放周期：具体就是几号到几号，共计多少天。

6）补量：如果投放量不够，需要补量的客户要求排期内补量，还是可以接受排期后补量，是在同位点补量还是可以接受其他点位补量。

7）内部上线审批是否完成。

（2）KPI（Key Performance Indicators）（关键业绩指标）沟通会。KPI 一般分为：显性 KPI，即会签在合同中的 KPI，如 CTR 等。如果合同中的 KPI 未达成则算合同执行违约。所以显性 KPI 首先是要保证的。隐性 KPI，即合同不会约定，但客户心理是有预期的，如果达不成后续无法续单（进而扩大生意规模的）。

一般在一个客户快要下单时，确认合同及 Brief 的时候，就是项目该介入组织 KPI 沟通会的时候：

1）KPI 沟通会要把上述"背景信息及准备"、人员、KPI、投放点位等全数需要明确下来。

2）同时最重要的是需要项目经理群发邮件出来，把会议结论发给所有的参会者。

3）项目执行所有干系人对项目的信息，要在一个水平面最重要。在项目沟通过程中，不能传话，传话是效率最低和出错率最高的方式，因此，对于一个项目的落地，必须尽快把相关人员召集起来开个会，确保大家对项目的目标、风险、下一步安排达成一致才能结束。

2. 识别用户

DSP 系统通常会在广告展示的时候，同时放置一个检测点，这样当互联网用户第一次访问广告主的网站时，就会种下一个 cookie，这样 DSP 就可以追踪到这个网民在广告主网站上的行为数据。DSP 还会和媒体以及第三方 DMP 进行合作，进行 Cookie Mapping，以便在竞价前能够识别该用户。

3. 受众选择

对广告主的每个推广活动，制定一个模型，该模型以在广告主的网站上发生转化行为（转化行为可以是注册、点击、购买、下载等）的用户为正例，没有发生转化行为的用户为负例。建立模型后，对所有的用户预估转化概率，即该用户有多大的概率会在广告主的网站上发生转化行为，去掉大多数转化概率非常小的用户，将目标用户根据转化概率高低分到不同的投放计划中。这样我们对每个活动就找到了很多的目标用户，而且这些用户根据他们的质量高低，被分别放在不同的投放排期中。

4. 进行实时竞价

当 ADX（Ad Exchange）把请求发过来的时候，DSP 会拿到以下信息：当前广告位的信息，当前用户的 cookie 和终端信息。DSP 需要在指定时间内（通常100毫秒内），根据对当前用户的分析，并且结合当前广告位，根据自己的 bidding 算法，来决定是否要买这次展现，投放哪个 compaign 的广告，出价是多少（bidding），并向 Ad Exchange 返回出价信息？如果超过时间 DSP 没有响应，则 Exchange 默认 DSP 放弃这次竞价。

5. 展现广告

如果赢得了展现机会，则 DSP 返回创意，用户就会在该广告位看到该创意。

6. 追踪转化

DSP 在广告主的网站上埋了点，就能知道用户是否在这次展现之后进行了转化行为。根据这些数据统计转化率，每个转化平均成本等指标，汇总成报告给广告主。

第六节　DSP 项目投放实例

传漾科技致力于为用户进阶 DSP 的投放程序，在大数据挖掘和分析的基础上，DSP 的数据平台为受众贴上兴趣标签，标签的多少在一定程度上代表了人群分类的精细程度，传漾科技的受众数据是由第三方数据平台进行判断和完成的，受众兴趣判断包括大类、中类、小类等，受众标签的匹配精确度主要关注兴趣标签各个类别的科学性，以及每个标签下的受众数量，受众标签的匹配精确度，主要关注兴趣标签各个类别的有效性与合理性，以及每个标签下的受众数量。现在市场上的 DSP 受众数量大概在 7 亿~8 亿，受众数量的基数、新鲜度，兴趣标签的有效性等是衡量 DSP 投放的一个关键因素。传漾科技在优选 ADX 级媒体方面有自己独到的方式，国内主流的 ADX 包括谷歌、腾讯、百度及阿里巴巴、秒针等，每家 ADX 都有特色，传洋科技通常根据品牌自身的特点帮助客户选择合适的 ADX。在动态创意方面，常用的是常规广告、富媒体和广告贴片，移动创意主要采用的是 Banner、视频广告、全屏、插屏等，动态创意的前提是需要多样化的创意素材，并根据目标受众特点实时组合素材，在竞价算法方面，传洋科技主要采用以 CPM 售卖为主、CPC 售卖为辅的方式，进行 DSP 的精准投放，一次投放未必能拿到最优效果，投放时间越长，模型建立就越好，投放效果也越好。传洋科技的可量化数据报表可以清晰地显示活动期间的投放量及点击率，投放结果界面化。主体分为广告活动报表、广告受众报表、广告资源报表。传漾科技通过私有广告交易市场满足对优质流量有需求的品牌客户，通过优先直销购买，并在数据的基础上高效精准投放，是传统媒介购买方式在程序化广告投放商的升级。

实时竞价广告品牌战略整合篇

第八章　大数据背景下实时竞价广告的品牌形象

第一节　实时竞价广告的大数据背景

一、实时竞价广告的内涵

实时竞价广告是一种新的营销手段，它不是以固定的费用购买某一时间段的广告位进行营销，而是以消费者的浏览数据分析出来的消费者需求为导向，让有相关需求的广告商之间竞价，价高者得到这一次向消费者展示广告的机会，一次广告位的出现，都需要进行新一轮的竞争。RTB 模式是网站将广告位对应的广告展示机会通过实时竞价系统进行公开拍卖，广告主通过竞标的方式获得广告展示机会进行评估并出价。早期展示广告的投放主要以保障模式为主，但随着近几年实时竞价模式的快速发展，通过 RTB 投放的展示广告量也达到了非常大的规模。

大数据和云时代的到来，为数据存储和处理提供了强大的技术动力和支持。实时出价广告就是在此背景下基于在线数字技术和数据库营销。以其精准、高效、透明、特征可控成为大数据技术下广告模式的新趋势。中国正在成为全球最大的实时竞价广告市场，百度和阿里巴巴打造了自己的实时广告交易系统。2012

年，RTB 广告在中国正式亮相，阿里巴巴打造中国首个实时广告交易平台——一淘 Tanx；2013 年底，百度还推出了 RTB 广告交易平台。

RTB 广告主要分为三个平台：广告交易平台、需求平台和供应平台。广告交易平台是核心，连接为广告主和广告代理服务的需求平台和提供广告空间和媒体资源的供应平台。这三个平台共同构成了一个开放的在线广告交易市场。此外，RTB 的运营高度依赖数据管理平台，为需求平台上的广告主提供目标用户定位分析，从而做出精准的媒体决策。

二、实时竞价广告发展的背景

广告行业的发展不是一蹴而就的，其历史悠久。随着科技的进步，媒体和用户之间产生黏性，因此广告主在媒体的作用下有更多的机会触及用户。"我知道我有一半的广告预算都被浪费了，但是我不知道浪费在哪里"，这句话被在线广告所颠覆。如今，无论在淘宝、抖音，还是在朋友圈，其所展示的广告都是个性化的。RTB 广告属于在线广告，其发展经历了一个漫长的过程，接下来梳理一下在线广告发展的简史。

1. 世界上第一个在线广告——AT&T 的 Banner 广告

1994 年 10 月 27 日，美国通信巨头 AT&T 斥资 3 万美元推出了第一个 CPD（Cost Per Day）在线横幅广告。广告投放了 3 个月。点击率高达 44%，掀起互联网广告革命浪潮。

在网络广告出现之前，线下广告相对成熟，横幅广告、报纸平面广告、电视广告很常见。

广告与媒体是相辅相成的，一件商品的宣传需要利用媒体的流量与曝光。网上冲浪的人越来越多，一些大的网站（如 AOL、Yahoo! 等）流量可观，对于流量变现当然是极为追求。把网站当作报纸是最简单的变现方法，充分利用其流量资源，向成功的广告标杆学习。一开始的广告交易形式，也参考了线下广告模式，被称为合约广告。

2. 参考线下广告交易形式的合约广告

例如，宝洁想推销一款自己品牌的洗发水，通过调研发现，腾讯这一媒体拥有很大的流量，于是和腾讯签订合约，在这一媒体平台上投放广告，付费 100 万元，在腾讯首页进行长达 1 个月的洗发水广告展示。

根据上例可知，合约广告这一广告形式对于技术的要求并不高，其售卖的对象是"广告位"，采用的是按用户使用时长或周期计费（Cost Per Time，CPT）模式，只需要运用简单的广告排期系统即可。这就借鉴了线下广告的交易模式，通过简单的广告投放可以看出，广告转化效率很低。因而定向广告应运而生，这更加的个性化。

3. 千人千面的定向广告

定向广告需要根据用户信息（年龄、性别、职业、爱好、收入、地域等），按需发送广告。定向广告主要采用担保式投送 GD（Guaranteed Delivery），即约定好广告位、时间段和投放量，达不到要求就进行赔偿。售卖的对象为"广告位+人群"，主要用 CPM 广告计费模式（Cost per Mile，千次展示结算）。因此，定向广告产生了两个要求：第一个是受众定向：通过技术手段寻找目标用户；第二个是广告投放：将广告投送由直接嵌入页面。

定向广告对广告商和出版商来说都是一种有利可图的策略。广告商可以以更低的成本获得与以前相同的有效受众；相应地，媒体总收入也有所增加，额外的收入是数据变现的价值。

4. 从定向广告到竞价广告

到目前为止，针对数千人、数千张面孔的定向广告似乎很完美，但实际上这种模式也有其缺点：

其一，用户精准定位的矛盾：广告主可以精准定位用户，但这是自相矛盾的。一旦媒体提供了精准的用户定位，销售率就会下降，并且很难准确衡量详细的标签组合的流量估计。其二，流量的价值没有被充分挖掘：如果在展示过程中同时履行多个合约，只进行线上分发策略，部分流量可能已经从价格中获得了更高的利润，但它可能是垃圾。其三，合同方式限制了中小广告主投放广告：现实中中小广告主很难与大媒体合作，网络广告发展潜力巨大。

5. 竞价广告应运而生

在拍卖广告中，对广告主的媒体保障是不完善的。只保证单位流量的成本，不保证数量。每个印象都基于最有利可图的简单原则。竞价广告价格机制是第二高的广义价格 SGP（Second Generalized Price），最主要的形式是搜索广告，比如百度搜索广告，因为搜索标签非常清晰。通过优惠广告，广告商更关注人群而不是广告空间；优惠广告不再注重结果，广告主必须控制效果和流量的平衡；广告主也有价格的主动权，可以随时调整。对于定向广告来说，未来的发展趋势是精细化发展，那些不能用合约卖掉的剩余流量也有可以变现的渠道，这大大提高了小广告主的机会和积极性。参与在线广告；技术工具变得越来越重要，需要不断优化。

6. 实时竞价广告是在竞价广告的基础上发展起来的

拍卖广告促进了广告业的快速发展。但随着时代的进步，广告主的需求也在不断升级。在拍卖广告中，广告商的选择有限，只能对媒体给出的标签进行选择和投标，对价格没有自主权。这时候市场被框定了，广告商只能通过间接的方式来控制效果。

拍卖广告具有精准受众定位的优势，但在某些场景下仍存在不足。例如，广告商希望流失的用户看到他们的广告宣传，或者希望依靠媒体来寻找潜在用户。因为丢失用户和潜在用户只能通过检查广告商的数据库来识别，这造成了信息不对称，因为媒体标签库中没有这种类型的标签。如果广告主将代码或 SDK 放在媒体网站上，存在信息泄露、效率低下的问题；如果广告商将用户 ID 数据库上传到媒体，由于用户 ID 只有一个维度，它不能满足确切的要求。用于其他维度和预算控制。因此，拍卖广告催生了实时拍卖广告。

7. 广告交易终极模式——实时竞价

实时竞价 RTB 允许广告商根据他们的人群定义选择流量。它将竞价过程从预先出价的广告商变为针对每次展示的实时出价。实时竞价一般采用展示次数、费用的方式。在这种模式下，广告商在选择受众时更加灵活。对于划分也掌握了主动权，从而促使数据的使用和交易迅速发展起来，使广告市场呈现出空前繁荣的局面。

RTB 广告在中国的发展不是一蹴而就的，而是有着深刻的时代背景和社会背景。主要有四个方面的原因：①互联网广告传统交易模式是广告主通过广告代理商来购买进行广告曝光。但随着互联网和消费者需求的不断变化，传统的互联网交易模式不再适应广告主的要求，交易模式需改变。②广告投放在新媒体环境下面临着挑战，媒体碎片化造成网络价值碎片化，广告主更愿意选择单一或者少量媒体投放，同质广告逐渐饱和，应用垂直网站更加凸显其专业优势。③互联网广告交易模式从购买网站转变成了购买人群，社交平台的各种类型人群的购买力迅速增长，由于固定广告位的成本大大增加，广告预算也需要耗费得更多。传统的互联网广告缺乏精准的定位，很多非目标人群也需要广告主买单，造成了单一用户曝光过度，浪费资源。④传统互联网广告位置购买的方式已不能满足广告金主的要求，广告金主要求能够在相对公平的状态下快速反应的广告展示位并能呈现广告的各种形态，精准定位消费人群，互联网交易模式从购买网站转变成购买人群，随着 RTB 交易模式的出现，广告主可以向目标人群推送个性化广告。

三、实时竞价广告的运作模式

RTB 广告的运作技术层面共分为两个步骤：一是竞价过程；二是投放过程。

1. 竞价过程

当客户在 50 毫秒内浏览到与产品信息或产品广告相关的页面时，竞价平台（SSP）快速获知商业信息，并在收到供应商提供的信息后，迅速将此信息告知广告交易平台（Ad Exchange），与此同时，广告交易平台迅速做出反应，将客户信息传递给第三方数据管理平台（DMP），第三方数据管理平台进行深度挖掘，同时，Ad Exchange 将信息传递给最符合需求的 DSP，让 DSP 平台上的众多广告主获得机会和页面位置，让客户在快速的数字竞价过程中再次浏览他们的网站，并赢得最高价格、位置和信息的所有权。在这个过程中，完成了广告主定位的正确选择和媒体选择过程。

2. 投放过程

由于 DMP 第三方数据管理平台对客户进行了深度的数据挖掘，通过成功竞价的 DPS 就可以获得广告位代码后对该客户的网络客户端进行广告投放。广告的类型和数量由 SSP 控制，客户看到的广告定位和搜索准确，自然节省了选择和比较购买产品的时间，提高了交易商品的效率，节省了广告主的广告投入。

以其短视频平台为例，其用七步完成了 RTB 广告的投放。①注册账号：进入某目标 DSP 广告投放平台主页；②新建广告；③选择广告目标：分类到具体场景；④选择投放目标：确定效果指标、投放内容等；⑤选择目标人群：系统会自动生成预估展示数和用户覆盖数；⑥选择出价策略；⑦提交广告素材。

广告主愿意花钱是因为他们对于期望效果是有要求的。主要分为品牌建设和销售。以橱窗空间为例，是展示广告还是直接卖东西？对于广告活动，其首要目标是销售目标。对于品牌活动，整体、长期性、计划性是其更加偏重追求的，很多广告链接点进去会看到它会不断地展示品牌，目的就是要加深对品牌的印象，在消费者脑海中留下印记，让消费者下次购买产品时能够第一时间想起这个品牌，潜移默化地影响他们的选择，是一个长期的刺激过程。销售类广告的特点是短、平、快。与品牌类广告不同的是，当消费者点进广告链接，大多看到的是商品详情或者是下载页面，当消费者点击进去，可以直接下单。这个时候，广告主追求的不是品牌影响力，而是直接的广告转化，这种转化可以是下单，也可以是下载 App，或者引导消费者注册激活账号等，他们最关注的就是投入与收入的具体数目。

广告展示形式一般分为照片、视频、互动游戏等，上述每一种广告形式下都有很多子形式。淘宝首页的大滚动图片称为"焦点"，网站上常见的横长矩形广告称为"横幅广告"。照片是静态的，速度很快。视频广告也很常见，好比消费者在视频平台观看视频时，如果没有购买会员，就无法跳过广告，这一段广告内容是动态的，有一定的趣味性。还有一种新兴的广告形式——互动游戏，这种一般是通过 H5 网页来实现与消费者的互动，这种通常对网速要求很高。

广告位是如何卖出去的？主要分为包段、RTB、PA、PDB、PD 等，对应橱窗位的拍卖、直销、代理等各种销售方式。包段是传统的售卖方式，就是在某一时间段用户在该"橱窗"（广告位）看到全是你的广告。PA（Privita Auction）"私有竞价"是私有化的 RTB，因为参与 RTB 的商家是筛选过的，但招标过程是一样的。PDB（Programmatic Direct Buy）和 PD（Preferred Deal），它们不需要出价，它们是广告买卖双方事先就价格达成一致，当有机会展示时它会给广告主"优势"，但 PDB 和 PD 的区别在于 PDB 优先级更高，要求更高，可以获得的资源也相对更好。同时，PDB 对广告量有一定要求，PD 对广告量有一定要求。没有特别严格的要求。

广告主购买广告位后如何付款？主要分为 CPT、CPM、CPC、CPA 等，对应橱窗广告"按产生互动的人数"的付费方式，但对于网络广告，形式更加多样化。CPT（Cost-Per-Time）按时间支付，一般按天计算。CPM（Cost-Per-Mile）每千人成本，撇开印象不说，其实就是千人展示的成本，也就是"广告被千人看到必须付出的代价"。CPC（每次点击费用），按点击付费。CPA（Cost-Per-Action）按行为付费。这里的行为可以是注册、下载、激活、订购等，要根据不同的场景来确定。由于传统广告销售的局限性，难以实现"按效果付费"，效果难以评估，但在网络广告中，可以快速识别大众的不同反应。所有这些行为都可以被记录下来，这是互联网技术带来的差异化，也是"为效果付费"的基础。因此，在规范网络广告投放时，可以按展示次数收费，也可以按转化效果（点击、下载、购买等）收费。这是放置广告时选择策略的重要部分。相同的目标，相同的材料，不同的还款方式带来的投资回报是天壤之别。

RTB属于"售卖方式"的一种，它完美地呈现出了互联网广告的特点，即实时数据—精准定位—效果付费。

第二节　品牌形象的建构

一、品牌形象的内涵

品牌形象是企业的无形资产，品牌具有属性、价值、利益、文化、个性、用户等特性，是企业的长期战略。品牌越有深度、越有知名度和影响力，就越能支撑和促进企业的可持续发展。品牌的意义能够明确产品与生产者的关系，能够有效地与消费者沟通，能够展示给消费者带来的利益，能够通过差异创造价值。根据美国营销协会的定义：品牌是一个名称、名词、符号或设计，或是它们的组合，其目的是识别某个销售者或某群销售者的产品或劳务，并使之同竞争对手的产品和和劳务区别开来。

二、品牌形象的发展背景

品牌对于社会经济越来越重要，承担的角色也不可替代。品牌是社会的产物，其发展大致分为四个阶段。

第一个阶段是 1850 年以前。19 世纪中叶之前，第一次工业革命爆发。在纺织、农业等一些领域，工人逐渐被工厂取代，但产品种类不全。例如经济实力较为雄厚的英国，它主张开放经济政策，但是经济和物质处在相对稳定的状态，中产人群虽然对生活要求很高，但物满其用，竞争不大，这就形成了品牌产生的准备条件。在此期间，品牌的基本元素逐渐出现，包括标志、包装、图文标签、装饰品等。

第二个阶段是 1850~1930 年。在这个阶段，贸易开始蓬勃发展，品牌开始萌芽。一旦基本的识别元素到位，下一步的开发就开始了。第二次工业革命势头强劲。科学逐渐进入工业领域，流水线工厂出现并走向成熟，为人类社会的材料提供了技术保障。因此，在这个阶段，各种产品通过市场流通不断被消费者生产和使用。人们逐渐对品牌产生了关注，并对它产生了浓厚的兴趣。这个时期，推销开始出现，广告是第一个迈向公众视野的，它是推销手段的一种。邮购广告、报纸广告、平面广告开始盛行。广告对于品牌和产品来说是必不可少的手段。福特、可口可乐、亨氏、奔驰、通用等品牌创立，至今仍是各行各业的佼佼者。1905 年，吉列在美国推出了第一个全国性的广告计划，为品牌的创立铺平了道路。后来，广告更加注重销售力和创意，广告的品牌塑造功能开始逐渐显现。20世纪 20 年代美国经济发展非常好，被称为新时代。品牌出现的驱动因素，与世界财富的涌入是分不开的。制造商不局限于推广产品，而是开始明白品牌建设非常重要，因此品牌开始萌芽。

第三个阶段是 1930~1950 年，品牌管理初露头角。20 世纪 20 年代，人们开始分期赊销，开始了追求广告的热潮。因为广告鼓吹消费主义，人们在家中购买广告中的消费品和小家电。20 世纪 30 年代，世界范围内的资本主义经济萧条是由美国造成的，物美价廉的购买成为人们的购物习惯。在此期间，零售商开始发展自己的品牌，中间商开始出现。1930~1950 年，经历了两次世界大战爆发、结束，主战国家对经济自顾不暇。在如此混乱的环境下，品牌无疑是无法发展的。1931 年，宝洁推出香皂产品，其销售人员提出了著名的品牌管理机制，即品牌经理制度。品牌经理制度建立了品牌经营，是品牌经营的开始，产品正式从品牌传递到品牌。品牌曾经只是一个象征，它已经演变成一种管理工作。在此期间出现了商业电视，电视广告出现在大屏幕上。电视平台成为品牌建设的有力媒介。广告公司纷纷涌现，调查机构也从婴儿期发展到成熟期。两次世界大战后，经济逐渐丰富，品牌发展逐渐走上正轨。

　　第四个阶段是 20 世纪 50 年代到 21 世纪初，品牌理论和实践的发展也在推动它向前发展。1850~1950 年，为品牌的发展奠定了至关重要的基础。品牌基础元素开始流行，品牌管理开始出现，品牌建设方法趋于成熟。如何将品牌作为企业的竞争本质；如何制作品牌主题；如何将品牌推向营销前沿；我们如何让品牌真正成为品牌？两次世界大战结束后，战后经济迅速复苏，科技发展迅速，市场商品过剩……在 50 年左右的时间里，一些有助于品牌发展和品牌发展的理论建筑不断出现。1955 年，奥美在《品牌与形象》的演讲中第一次清晰地阐释了品牌的概念，提出了品牌形象理论。品牌形象理论在业界引起了轰动。无论哪个品牌关注品牌形象，品牌形象在接下来的几十年里逐渐成为品牌建设的指导原则之一。20 世纪 50 年代中后期，IBM 在其设计顾问的保护下，首先实施企业 CI 设计，随后 20 世纪 80 年代 CI 进入日本并传播到中国，影响了我国品牌基石的设计。20 世纪 60 年代，美国格雷广告公司提出"品牌个性哲学"，后来发展为品牌个性。同一时期，杰罗姆·麦卡锡在其《基础营销》一书中阐述了 4P 营销理论，适用于任何品牌，为品牌建设提供了科学的营销策略组合。后来菲利普·科特勒在原有基础上对 4Ps 进行了细化，提出了 STP 营销策略。20 世纪 70 年代，Reese 和 Trout 提出定位理论，最初用于广告投放，后来逐渐发展为品牌定位理论，是引领品牌建设的品牌战略的重要组成部分之一。品牌关系对品牌的影响也比较大。尽管品牌理论在 21 世纪不断涌现，但它们的感性、简洁性、直接性和实用性都没有上述理论那么完善，因此用处不大。仅用于学术研究。在过去的 50 年里，物质商品和信息爆炸式增长。为了适应时代的潮流，品牌必须越来越多地发挥自己的价值，从而变得越来越相关。企业家和营销人员不断修补这种做法，利用经验教训推动品牌向前发展。大品牌的成长主要是从本土成长到实现跨国主导。例如，从目前的品牌价值 100 强榜单可以看出，这些品牌大多在这一时期确立了行业领先地位，并成为各个行业的领导者甚至垄断者。

三、品牌形象的意义

品牌帮助顾客发现品牌的共同价值，强化这种价值的视觉体现，并且传达给用户，让用户清晰地认识并认同这种价值。

1. 品牌视觉的一致与稳定

品牌的视觉形象一定要稳定，但也需要稳定，不能随意改变，这是品牌吸引顾客的重要条件之一，主要体现在以下四个方面：一是文字的一致性，要求品牌设计确定后文字稳定，数十年甚至数百年不变，形象或稳定的形象如中国品牌"全聚德""同仁堂"等。二是图形的一致性，品牌设计要求图形经久耐用，图形不能频繁更换，才能拥有长久的品牌魅力。如"海尔兄弟款"等。三是色彩的一致性，品牌设计要求色彩要一致，既要有符号，还要有品牌特色和生命力，如国外品牌麦当劳的黄色、IBM 的蓝色。四是文字、图形和色彩的有机结合，使品牌更加耀眼，具有立体的视觉效果，可见品牌形象的设计要结合顾客的心理需求，力求使品牌达到稳定一致的视觉形象，简洁易记，良好的剧情伴奏作用。

2. 品牌定位的要求

品牌定位反映了品牌的特点。没有特征的人会被遗忘。品牌之所以成为品牌产品，是因为它创造了与消费者产生共鸣的品牌标识。海尔品牌的高品质和实惠的价格，金利来男装的全球地位，所有的成功品牌都脱颖而出。因为消费群体对食物的认知和口味不同，社会规范和饮食习惯也会对消费者产生影响。因此，我们在设计品牌的时候，首先要创造品牌，为它找到一个强势的定位，其次是利用品牌营销的方方面面去捕捉和适应市场的形势和变化。

3. 品牌创新

品牌创新是品牌生命力和价值的所在。是获得品牌心态效果的重要措施，品牌创新包括品牌再创造和品牌加薪。一方面，每件产品都要打造自己的品牌才能成为名牌产品，产品具有品牌特色和特色才能吸引顾客；另一方面，已经创立的品牌也存在着更新换代的问题。同时，品牌文明也是一个不容忽视的问题，一个品牌文明的传播与定位是企业品牌塑造的重点。品牌的知识和传统方面是驱动一个人情感认同的最重要因素。有时它也被用作深入渗透消费者内心的象征，而品牌的竞争力最体现在品牌对潮流和潮流的适应能力上。一是品牌价值和国际规范，如品牌包容、品质和美感；二是融合了品牌的价值、品牌的灵魂和其他完整的卖家，比如海尔的无菌和新鲜，新信仰的治愈理论和绿色。

企业品牌的本质可以捕捉消费者和用户的视觉体验，帮助消费者产生兴趣和想法，从而吸引消费者了解品牌的产品或服务。这是企业品牌形象的价值之一。另外，企业品牌形象的价值在于企业对品牌的持续营销，或者通过客户的持续使用，让消费者的想法对品牌的视觉形式产生认知。它在品牌和其他公司之间创造了不同的观看体验。客户可能会注意到与品牌相关的品牌形象的特定方面，这才是企业品牌的真正价值。

四、品牌形象的定位

20 世纪 60 年代中期广告活动的创始人大卫·奥格威的象征性时尚概念认为，产品和人一样，有自己的特点。品牌的形象与品牌的性质有关，包括品牌名称、品牌价格、产品本身等。

从塑造品牌形象的角度来看，主体在阅读时都应该仔细考虑以下问题：我们要塑造什么样的品牌形象？我们是否有计划地工作？我们是否了解客户对我们品牌形象的看法和感受？今年的公告和去年的公告之间是否有连续性？我们有相同的品牌标识吗？如果我们从品牌形象的角度来看，我们的企业形象是否和我们的品牌形象相似？有战争的可能吗？创建符号形状后，它成为特定产品的符号，在某些情况下类似于该类型的所有产品。一旦品牌到位，它就可以作为产品质量和产品整体外观的指标。品牌的造型会在广告中保留很长时间，会成为吸睛造型，也可以是有意义和时尚的造型。

五、品牌形象的策略

品牌形象战略由奥美公司的奥美先生提出。他认为，对于那些彼此差别不大的产品（如香烟、啤酒），在广告策略上很难采用"USP 规则"等基于产品差异的广告策略。如何转化，奥美先生认为，通过将产品差异的表现转化为品牌形象的表现，从而引发品牌形象战略，可以很好地解决这个转化问题。采用这种策略是为了塑造品牌形象，培养产品的威信，使消费者能够长期保持对品牌的认可和好感，从而使广告产品品牌在众多竞争品牌中建立优势地位。由于品牌形象是介于产品和企业形象之间的概念，它既包括对产品特性的承诺，也包括对企业形象的渗透。因此，品牌形象战略的采用应基于对商品和企业形象的分析。品牌形象的延伸和提升也必须与企业形象保持一致。只有这样，品牌形象才能包含承诺、体现声望、产生信任并实现特定的广告目标。

第三节　传统媒体中的品牌形象

在科技发达的今天，广告基于大数据的支持能够做到精准投放。在互联网中，RTB广告规避了无效的受众到达。与传统媒体品牌不同的是，互联网背景下的品牌形象更为生动具体。在报纸中，由于受到版面的限制，往往只能突出品牌或企业名称、电话、地址等内容，创意性内容不多。在广播中，传统的广播广告是有一套自己的标准套餐式的传播模式，但这并不能长久地发展下去，于是由这种单一的形式向内容营销、活动营销、"广播+电商"、互动营销等多种方式延伸和拓展，从较多视角向消费者展示一个品牌的内涵，相比于报纸，广播对于品牌形象的塑造更为丰富。在电视中，相比于前两者来说，这一渠道对于品牌形象的塑造更具优势。电视广告若要做好，首先，文案要具有煽动性；其次，画面切换要简洁明快，增加画面的动感，音乐、音效要有恰到好处的震撼声效，能够达到听觉冲击的效果；最后，产品介绍优点要突出，切忌面面俱到。以上是传统媒体中品牌形象的表现形式。但由于受到互联网的冲击，消费者将更多的目光集中于互联网广告中。那么，互联网营销背景下的品牌形象和传统媒体有什么不一样的地方呢？

第四节　互联网背景下的品牌形象

以快餐巨头麦当劳为例。麦当劳在营销的过程中，首先突出的是其虚拟代言人麦当劳叔叔和其 Logo——一个金色的拱门，使这两个元素深入人心。在最早进入中国市场的 10 年内，麦当劳主要以童趣、家庭温馨为主题，结合中国传统文化拉近与消费者的距离，获取消费者的好感。随着市场的变动，2003年起，麦当劳改变了其营销策略，将目光由儿童、家庭转向了年轻一代，主打青春、个性，推出一系列创意广告吸引年轻消费者。如今在互联网领域内，麦当劳主打私域流量，注重以消费者体验为核心，不断优化用户旅程。2020 年，麦当劳实现了品牌小程序的迭代升级，通过线上线下多渠道进行积极推广，沉淀了规模化的私域流量。2021 年，麦当劳已实现公众号+小程序+视频号+社群的"多点开花"布局。在数字化法阵之路的探索中，麦当劳一直以优化用户旅程为私域的建设目标，希望通过私域通路的完善，不断提升用户侧的服务体验，以忠诚用户的口碑实现良性增长循环。2017 年 4 月，麦当劳首次推出了"i 麦当劳"小程序，作为其最早的数字化产品，这奠定了麦当劳后续以小程序作为私域体系核心的基础。而麦当劳最大的优势却在于"麦当劳"这一品牌资产。

1. 品牌资产赋能私域打通

做私域流量永远不能忽视的一点就是做"品牌"。一旦建立起品牌知名度、用户忠诚度，用户资产的沉淀将会水到渠成。麦当劳自进入中国市场的第一天就深刻践行着属于麦当劳的"变与不变"：不变的是"美味优价，随时随地"的理念，是对产品品质的坚持，是面向消费者的体贴关怀；变的是对趋势下消费者习惯变化的追随，是对市场发展与转型中更高效方式的探索。多年来的品牌形象深入人心，麦当劳丰富的品牌资产使其在私域打通与精细化运营上优势显赫。在门店扫码推广中，与常见的导购或工作人员推荐的方式不同，麦当劳所积累的会员大多是主动扫码加入的，且大部分是曾经到店，或是在外卖范围内消费过的真实客流。用户主动进群意愿较高，社群中用户流失的概率也较低。

此外，用户也可以在小程序下单或扫码时，通过小程序结账场景中的"优惠券"字样点击进群。社区根据用户的消费区域创建，通过对用户进行分层，可以为用户提供更便捷的门店服务。群内管理员定期宣传优惠福利，引导社区用户到

App 实现兑换。截至目前，麦当劳来自小程序的交易订单能够达到 70% 左右。①

2. 精细打造用户旅程

比起"私域流量布局"的普遍提法，麦当劳更愿意称之为"一场用户旅程的打造"。互联网为品牌扩大了服务空间，不再局限于小小的门店，也将消费者聚集到了一个广阔无边界的巨大场域当中，麦当劳希望通过直播、社群、卡券等围绕着用户服务体验的落地设计，回归到品牌的服务本质，传递品牌核心价值。

3. IP 联动，玩法多样

众所周知，麦当劳一直以来都是跨界合作的"大户"。在 2020 年完成小程序的升级后，为了在私域中添加更多玩法，麦当劳将目光放在了小程序直播上。

与《创造营 2020》的 IP 合作成为麦当劳启动小程序直播的契机，除了借选秀 IP 的热度，麦当劳还结合腾讯广告等公共领域流量场景扩大曝光，更广泛地吸引小程序直播。比如利用小程序直播预约功能提前获取流量，切换到小程序配合腾讯视频的开屏广告实现流量引流，在朋友圈投放竞价广告触达目标受众等。不仅如此，自 2015 年以来麦当劳就一直与"墨迹天气"保持着"35℃计划"的夏日联动，各自推出小程序后，除跳转路径更加便利，也添加了更多玩法。2022年 2 月，麦当劳与百度旗下的数字 AI 人"希加加"联手，使其成为麦当劳首位虚拟推荐官。麦当劳紧紧抓住虚拟人这一商业热点，极大地增加了品牌魅力。正是对品牌的坚持和对趋势的敏捷洞察，麦当劳才拥有了极具竞争力的品牌资产，而这也使麦当劳在布局私域流量时显得那么的"不费力"，可见即便到了私域赛场，建设品牌仍然是各行各业所面临的永恒课题。很多品牌都有自己的虚拟 IP，但这并不代表它们能依靠这些虚拟 IP 迅速被消费者所熟知，因为在互联网环境下，年轻人对虚拟偶像也有一定的要求和审美，他们拒绝粗糙呆板的虚拟偶像，也无法喜欢一个空有外形毫无灵魂的偶像。对于很多品牌来说，要想入局打造虚拟 IP 其实并不难，难的是如何在众多虚拟 IP 中脱颖而出，让年轻消费者对品牌产生认知和理解，并成为品牌的忠实拥护者，这是众多品牌需要持续思考的。

根据麦当劳的营销策略可以看出，在基本层中，首先要让大家熟知品牌形象，深入人心之后便可进入潜力层。当消费者在看到某一熟知的元素时，第一时

---

① 资料来源于腾讯《2021 智慧零售私域增长指南》相关数据。

间就能想到这一品牌。比如，当消费者看到"M"时，首先想到的就是麦当劳的金拱门标志，这一层次继续发展下去就是期望层。期望层更多的是消费者能够主动选择，不借用外部因素。再往下发展，便是消费者能够将这一品牌推荐给他人，环环相扣，最终形成一个完整的营销链。在这一过程中，一个完整的品牌形象就被塑造起来了。

2022 年冬奥会在北京举办，冬奥吉祥物冰墩墩大火，在这一情形下，另一快餐巨头肯德基抓住了商机，推出新春欢聚桶套餐，买就送一个冰墩墩印章。肯德基在这一营销中抓住了消费者的痛点，在满足普通消费者的同时，抓住了特定的消费人群，增加了消费者对品牌的好感度。

第九章　网络媒体平台背景下实时竞价广告的品牌定位策略

第一节　传统媒体中的品牌定位策略

随着人们对消费意识的觉醒，人们对五花八门的产品的认识增加了，品牌已经悄然成为企业赢得竞争的法宝，比如在传统广告中。在现代媒体世界中，一些传统广播公司的影响力减弱，广告效果明显减弱。在这样的背景下，传统叙事虽然受到现代叙事的影响，但其发展的困难更大。最大的问题是：在传统媒体一统天下的时候，它从来没有把自己打造成一个强势的品牌，也没有创造一个品牌的帖子。传统媒体缺乏打造品牌的知识。当不影响其他症状时，缺乏品牌意识的潜在缺点就不那么明显了。然而，随着来自现代媒体的竞争加剧，传统媒体一直保持不变。如果你不注意品牌建设，你很可能会被解雇。

现在我国已进入传播时期，这个概念没有错，但是我们需要分析传播和大众营销的区别。随着传统报道进入消费市场，新的广告也进入了市场竞争，造成了市场滞后的问题。沟通是向受众传递一组一致的信息，而不是向受众提供太多信息。出现上述情况的主要原因是开发的目的没有被读者理解。并且确立发展理念比定位更重要。如果发展理念不同，媒体关注的对象和方式也会不同。所以，理念不是一个简单的词，也不是一句简单的口号，而是一个内化在每一位媒体工作者心中、渗透在每一个媒体节目中的理念。

通过品牌推广，受众可以创造自己对媒体品牌的理解，从而获得相关信息，了解品牌的影响力和形象，迅速提升品牌知名度。从营销分析的角度来看，不仅是创造品牌，更重要的是创造共识。与普通商品相比，其特点是相似的，即市场有两种销售：第一种是面向受众的，第二种是面向广告商的。有明确的定位和独特的概念，媒体可以做得很好，但面对来自大多数媒体的太多竞争，媒体会在建立品牌之前尽力吸引观众和广告商的注意力。此外，媒体要想成功地完成品牌建设，还必须借助一些有效的传播工具进行实践，其中包括大多数广告公司高度赞赏的制造问题。判断一个媒体的结构，不仅要看受众的质量和数量，还要看它的广告收入。因此，如果媒体不懂得营销，没有运用有效的营销传播手段将自己打造成一个独特的品牌，就很难获得强有力的竞争。在市场竞争激烈的环境下，传统品牌需要不断创新，专注于品牌建设，才有机会展开激烈的竞争。品牌创造在传统叙事的发展中发挥了重要作用。只有有品牌的媒体和专栏，才能拥有长久的生命力。这适用于新媒体和旧媒体。

第二节　互联网平台中的品牌定位策略

在网络媒体平台背景下，品牌形象更具鲜明化、个性化。但并不是只有个性鲜明就能塑造一个好的品牌形象。品牌的价值和与消费者之间的信任也显得尤为重要。当品牌通过竞价获得展示的机会，出现在特定目标用户的眼前，用户凭借对此品牌的印象选择是否点击浏览此品牌的产品，若用户对此品牌具有好感，则点击的可能性大大增加，这都取决于企业对品牌的塑造。以新兴的"现代派"茶品牌小罐茶为例进行分析。

从2015年开始，新式茶饮品牌兴起，时尚茶饮品牌相继遍地开花。经历国潮文化和新式茶饮品牌的洗礼，"茶"逐渐成为一种时髦的生活方式。

小罐茶的成长路径，从产品品牌化开始，根据市场反应快速调整营销策略。

在不同的阶段需要做好不同的事情，才能稳步构建起长期品牌建设的动力和想象空间。渠道上，先集中紧抓线下优势，再从线上寻求增长。品牌形象上，商务礼品印象深入人心，通过跨品类联名礼盒、明星、视觉调整等持续动作向年轻化逐步转变。但品牌形象年轻化不足，甚至因过度营销引发消费者反感，难保不会再爆发下一次舆论危机。从产品和营销角度都需要更多创新，尤其线上玩法需要填补空白、制造声量。从总体上看，小罐茶对整个茶行业的升级起到了推动作用，品牌自身也并不止步于成功打造爆品，在未来供应链建设和多品牌布局完善之后，小罐茶也许能真正做到引领行业方向。但品牌的建立需要信任和价值沉淀。尤其是在互联网背景下，一个品牌建立起的信任直接决定了消费者的选择。由于互联网中发声相对自由，很多消费者敢于说真话，这就在一定程度上决定了一个品牌是否真的经得起考验。

这就说明了企业单一塑造的品牌形象在大数据背景下并不能成为唯一的评判标准，专业的测评机构、KOL 头部主播、素人的真实使用反馈等都对品牌形象构成影响，大数据背景下更多的是挖掘产品的功能性。

第三节　大数据背景下品牌定位策略的变化

在传统媒体中，广告大量投放，但投放和回报的比率相对来说是比较低的，盲目撒网，但其较广的覆盖面有利于发展潜在客户群。但 RTB 广告的精准投放能够通过大数据的分析直接到达特定目标用户的视野中，此时，广告投放的位置就被弱化了，品牌形象就起到较大的作用，如果真的击中用户痛点，产品则很快就可以销售出去。当我们打开淘宝，在"推荐"里便可以看到淘宝通过大数据分析向我们展示的产品。消费者会点击进去，但最终是否会购买还是取决于消费者对品牌的印象。比如"运动鞋"这一词条出现在搜索框中，点击进去各种各样的品牌都会呈现在眼前。因为这类品牌的产品定位明确，且功能分类明确。以安踏为例，其宣传语便是"因跑者而生，为跑者进化"，这就向消费者明确地传达出品牌的定位，就是专业做运动的。其每款跑鞋的系列名称都与自身功能相对应。"马赫"系列，鞋如其名，是一款能够自由提速变速的竞速训练跑鞋。安踏在鞋的命名中加入了品牌的态度和追求，正如前文所述，一个品牌不能脱离文化的支撑，否则只是一个空壳。安踏体现的体育运动精神使消费者对于精神文化的认可转化为对品牌的忠诚度。

　　由此可见，在大数据背景下，实时竞价广告中，品牌的形象、定位策略都极为重要。要先打稳地基，才能建造高楼大厦。

第十章 大数据背景下实时竞价广告的品牌整合战略的实施

　　网络广告就是在互联网上进行投放的广告，通过网络广告投放平台来利用网站上的广告横幅、文本链接、多媒体等方法，在互联网刊登或发布广告，再通过网络传递给互联网用户，这种高科技广告运作形式使网络广告具有传统广告所无可比拟的优势，是实现现代营销战略的重要组成部分。网络广告可以分为合约广告、搜索广告、程序化广告和原生广告四大类。

　　实时竞价广告是程序化广告的一种。程序化交易广告是指通过既定程序或者特定软件，自动生成或执行交易指令的交易行为，以实时竞价（RTB）为核心。RTB突出两个关键词：实时与竞价。实时：强调速度，在100毫秒以内便可完成整个广告交易的过程，而用户对这整个流程是完全无感知的。竞价：多个买家进行出价竞争。

　　实时竞价广告由四个要素组成，分别是：供应方平台（Supply Side Platform，SSP）、广告交易平台（Ad Exchange）、数据管理平台（Date Management Platform，DMP）和需求方平台（Demand Side Platform，DSP）。

　　供应方平台：是媒体服务平台，可以帮助媒体对自己的广告库存进行管理，控制广告的投放，还可以促使所投放的广告流量取得最大收益。

　　广告交易平台：是一个在线广告市场，是广告主和媒体之间的桥梁，具有开放性。

　　数据管理平台：可以对用户的浏览数据进行分析与深度挖掘，从而对用户进行定位。

需求方平台：根据用户的搜索信息，确定该用户的需求，选择参与竞争的企业，服务于广告主，帮助广告主在互联网上进行广告的投放。

实时竞价广告的运作可以分为两个步骤：竞价过程和投放过程。

第一步：竞价过程。当用户浏览了一个有关商品信息的广告或者网页，供应方平台迅速获取这一信息，然后将信息传送给广告交易平台，在得知这一信息后，广告交易平台会做出两个反应：一是将客户的信息传递给数据管理平台，使数据管理平台进行深度挖掘；二是将此信息传递给需求方平台，使需求方平台的广告主进行竞价，竞价胜出的赢得位置和信息的拥有权，从而赢得顾客浏览自己商品和页面的机会，而该过程只需几十毫秒，过程非常快。第一步的竞价过程也随之完成。

第二步：投放过程。这个过程也是广告主开始获利的过程。在这时数据管理平台对用户已经有了深度的挖掘，竞价成功的广告主就可以进行广告的投放了。

实时竞价广告是互联网与人工智能发展的产物，RTB 以网络为依托，在海量的数据中进行挖掘、投放，在大数据的背景之下，实时竞价广告的品牌整合显得尤为重要。本书主要论述实时竞价广告的品牌整合战略。

第一节　实时竞价广告品牌形象的设计、塑造

一、实时竞价广告的特点

实时竞价广告依托于互联网的发展和应用，广告主可以在非常短的时间内完成竞价与投放的过程，整个过程通常只有几十毫秒。实时竞价广告得益于大数据的发展，其具有以下特点：

1. 广告投放过程快速、高效

实时竞价广告依托于互联网，整个竞价与投放的过程都是通过互联网完成的。从最初互联网刚刚兴起到现在互联网的发展已经趋于成熟，其最大特点就是速度之快。在以前，向远方的亲人传递信件可能需要几天甚至几十天；而现在，

用户已经可以实现与世界各地的人进行实时通话、视频，也使得"地球村"这一设想成为现实。得益于互联网的飞速发展，打破了传统广告的原始形态，滋生了互联网广告这一新型广告，实时竞价广告属于互联网广告的一种，它的整个竞价过程通常只有几十毫秒，而用户是完全感受不到这个过程的，在速度和效率上都是传统广告所无法比拟的。

2. 广告投放更加精准

前文已经简单介绍过实时竞价广告的整个运作，实时竞价广告区别于传统广告的特点是：从广告主"购买媒体"转为"购买用户"，当用户在网页上浏览一个商品时，广告投放系统便将这一用户标记为"对某类商品感兴趣的人"，后台通过计算等程序遴选出该类商品的商家，商家之间再进行竞价，价高者胜出，从而将胜出的这一品牌产品通过互联网投放给该用户。

实时竞价广告的另一特点就是将广告信息投放给对此类商品感兴趣的人，这种有针对性的投放也就是所谓的精准投放。商家可以投其所好地将广告投放给感兴趣的用户，而顾客也可以看到他所感兴趣的产品广告，整个广告效果更加精准，可谓是一举两得。

3. 减少广告资源的浪费

实时竞价广告的另一大优势就是可以让广告资源得到最好的利用，这样就减少了广告资源的浪费，传统广告所带来的"有一半的广告资源都被浪费了，我们却不知道浪费在哪里"的现象也被打破。

在传统广告的投放过程中，广告主不能够清晰地了解目标用户是哪些人，可能只是进行用户画像得出一个较大范围的目标用户，例如某个年龄段、某些职业或者某些人群，整体范围较大，根据大范围的目标用户去进行广告的投放，而这样投放的广告通常是海量的，但其中大部分的广告资源是被浪费的，真正能为广告主带来收益的大约只有20%；而实时竞价广告通过程序化的购买流程解决了这一问题，实时竞价广告可以将目标用户精准到个人，通过程序化的运作将广告真正呈现给可能购买该产品的目标用户，这也使广告资源得以最充分地利用，减少了广告资源的浪费。

实时竞价广告依托于互联网可以瞬间生成并进行精准投放，可以清楚地知道消费者想要什么、可以明白消费者的诉求，从而抓住消费者的内心，进行精准营销。

二、实时竞价广告品牌形象塑造的路径

20 世纪 60 年代，广告大师大卫·奥格威提出了品牌形象论的创意观念，该理念认为每一则广告都是对该品牌的长期投资，广告的目的就是使品牌维持良好的品牌形象。因此，塑造企业品牌形象对于每个企业都是十分重要的，企业品牌形象的塑造可以通过以下五个途径来完成：①加强品牌管理；②重视产品与服务质量；③重视品牌定位；④优化品牌设计；⑤重视社会公众，做好公关与广告。

1. 加强品牌管理

品牌形象管理是企业营销的一种手段，在品牌营销中起着不可或缺的作用，将有效的信息整理聚合，用互联网进行传播去冲击用户的思维，进而展现品牌的价值。用户的思维是不受品牌方控制的，因此如何呈现内容、呈现什么内容才能对品牌有利，这是品牌管理的核心。

2. 重视产品与服务质量

以餐饮业为例，餐饮业的产品通常包括味道、菜品与价格。

（1）味道。在餐饮行业味道永远是第一位的，如果产品的味道做得不好，在其他方面做得再好，客户也不会再来。

（2）菜品。如今消费者群体越来越关注食品安全的问题，在菜品的选择上多加用心，以顾客的需求为中心，将顾客的诉求放在首位，便能够开发出更好的菜品。

（3）价格。价格也是影响产品销量的一个重要因素，想要在消费者之间找到他们所能接受的价格，产品价格制定标准不是根据其成本来定的，而是根据消费者所能接受的范围来定的。

（4）服务。服务本身也是产品的一部分，它其实是一种无形的产品。服务可以提高品牌的附加值，让客户有更好的体验。而真正好的服务要给客户提供一种物超所值的感觉，海底捞最注重的就是给顾客提供令人满意的服务，以服务为核心竞争力的海底捞始终牢牢保持着自己的核心竞争力。

3. 重视品牌定位

如果自己都不清楚自己的产品是如何定位的，那么销售起来肯定是非常困

难的。

无论是对于哪个产品而言，只有明确了目标消费群体，以市场导向为基准，才能形成更加明确清晰的品牌定位。

4. 优化品牌设计

1982 年，可口可乐公司推出了健怡可乐，它是一款无糖软性饮料。当时可口可乐公司宣布要为健怡可乐推出四款不同的全新口味，同时引起人们关注的是，随着全新口味产品的推出，健怡可乐的品牌 Logo 也进行了小幅度的修改与升级，同时还对包装进行了设计升级。这次升级，无论是从字体、色调还是罐体都做出了改变。

可口可乐公司北美区域的负责人 Rafael Acevedo 认为，虽然健怡可乐已是北美数百万粉丝喜爱的最具标志性的品牌之一，但"千禧一代"现在比以往任何时候都更加渴望冒险和新的体验，我们希望能站在他们的立场上，在新产品中，我们想要大胆思考不同和创新，最重要的是，坚持健怡可乐的精髓，在新时代中重塑品牌，用时尚包装和新口味，吸引新的消费者。

优化品牌的设计，有针对性地做出改变，可以更好地促进品牌的推广、扩大影响力。

5. 重视社会公众，做好公关与广告

公关和广告对于品牌而言是十分重要的，一个企业想要取得成功，一定离不开这两点。

广告的功能便是传递商品或服务的相关信息，公关是维护品牌良好形象的基础，而品牌形象主要是在社会公众的心目中形成的，说到底它取决于品牌自身的知名度、美誉度以及公众对品牌的信任度、忠诚度，广告与公关在其中扮演着不可或缺的角色。

所以品牌要时刻将公众放在首位，同时要高度关注公众的反应，并且要善于利用公关作用去抓住消费者的内心，这样企业才会更快地取得成功。

三、品牌形象塑造的步骤

品牌形象的塑造可以通过进行市场调研、导入品牌形象识别系统、建立和谐的品牌形象组合三步来实现。

1. 进行市场调研

进行市场调研是经营决策的前提条件，只有全面认识市场，摸清市场需求，并对市场做出科学的分析与判断，决策才能达到良好效果。市场调研正像销售运营的雷达一样，可以敏锐地发现市场商机，把握市场需求，并且帮助厂家和商家规避市场的泡沫，减少不必要的损失，同时开拓新市场需求，开发研发新产品，拓展新思路，为企业发展开创良好商机，也是企业可持续发展的必由之路。实时竞价广告的调研通常和大数据广告的实际运作紧密结合，主要有三个步骤：首先是数据库营销，在大量的数据库储备中，找到具有潜质的客户数据资源并进行深度分析，剖析出可以开发利用的市场有效需求，并做出实效性的放大和探测，并做出可行性检测报告。其次是对市场新需求做出实际的调查和确认之后，制定出相应的营销策划和营销计划及广告活动，并对营销策略的可行性及进行小范围的测试及实验，大致确定 ROE 投资收益，如果收益可行，下一步即可开始实施。最后是实时营销计划，并控制计划进行速度及流程，根据后台数据库收益及现金流的表现，逐步实施营销计划及广告活动的传播，从而实现既定收益，拥有充足现金流，完成企业升级改造。由此可见，市场调研在产品推广和品牌形象塑造方面起着举足轻重的作用，进行市场调研可以更好地捕捉消费者的需求，生产出市场所需要的产品和服务，才能更好地融入市场，创造价值。

2. 导入品牌形象识别系统

品牌识别系统 BIS（Brand Identity System）包括品牌理念、品牌行为和品牌视觉识别三个系统，它是以品牌为主导的品牌识别传播模式，目的在于建立一个统一的、明确的、独特的品牌形象。

（1）品牌理念识别（MI）。我们都知道，想了解一个人不能只看他的外表，更多地应该关注这个人的内在品质。对于品牌也是如此，这就是品牌理念识别。品牌理念识别包括企业精神、企业愿景、企业使命、企业经营哲学、企业员工培训等内容。

企业识别系统的核心就是品牌理念识别，理念识别是企业自身精神内涵与发展方向的集中体现，企业构建的核心竞争力和持续发展力可以由它进行指导。因此，我们看一个品牌一定要看它的品牌理念。

2001 年，《华为人》报刊曾登过一篇题目为"为客户服务是华为存在的理由"的文章，任正非先生进行审稿时，将题目改成了"为客户服务是华为存在的唯一理由"。在接下来的十几年里，任正非先生也不断反复使用"唯一"这样的词汇来强调华为的企业理念——以客户为中心，价值创造来源于客户，并将这一价值观深深地植入到每一个华为人的心里。

《华为基本法》中也清晰指出，聚焦客户关注的挑战和压力，提供有竞争力的通信解决方案和服务，持续为客户创造最大价值就是华为的使命。而华为的核心价值观就是为了可以确保步调一致地为客户提供有效的服务。由此可见，利他（客户）就是华为的使命和价值观，其也是华为的灵魂所在，更成为华为人的精神所在。

（2）品牌行为识别（BI）。品牌行为识别是整个运营系统按照统一目标和规划长期形成的结果，品牌形象的行为识别具有典型的个性特征，容易产生竞争优势，它也是品牌战略运营模式规划的重要手段。品牌行为识别（BI）是指在品牌理念识别（MI）指导下，品牌规范、统一并具有特色的行为。如果说 MI 是想法，那么 BI 就是做法。

如上述思路一样，我们看一个人不仅要看他说了什么，更要看他怎么做，看待企业也是如此，而一个企业怎么做正是识别系统中企业的行为识别。

"一战"之前，日本的 Konishi 染布公司所使用的染料是德国的，其染出的布色彩鲜艳且牢固度高。但是"一战"之后，公司无法再进购德国生产的染料，年近古稀的老板担忧自己去世之后，新任老板会偷偷使用质量稍差的染料从而导致产品品质下降。为了保证产品的品质不受影响，老板将库存的坯布全部进行销毁。后来，公司还将当年老板剪掉的一缕一缕的坯布悬挂在了公司的大堂中，以此来警示后来者。

品牌的行为识别系统通过各种行为活动将品牌的理念予以贯彻、落实并加以彰显，是品牌理念识别系统的外在体现。品牌想要获得外部的信任，为自己的企业愿景奠定坚实的基础，就必须做到知行合一。

（3）品牌视觉识别（VI）。视觉识别系统（Visual Identity，VI）是运用系统的、统一的视觉符号系统。视觉识别是识别符号具体化、视觉化的一种静态的传达形式，其项目最多，所涉及层面最广，效果也更直接。视觉识别系统用具体的符号将企业理念、服务内容、文化特质、企业规范等抽象语意表达出来，塑造出独特的企业形象。

其中品牌理念识别更多的是有关企业文化，网络广告通常只是向受众展示商品信息；品牌行为识别通常在线下进行，网络广告的整个过程都是在线上进行的；所以网络广告品牌识别系统的重点在于品牌视觉识别，即 VI。

心理学研究结果显示，给大脑提供最多回忆值的感官是视觉，因此建立品牌理念最直接、最有效的形式便是成功的视觉符号形象系统。视觉识别是传播品牌形象具体化，视觉化的体现，包括品牌命名、品牌标识、品牌标准字和标准色、包装、陈列等这些基本的设计要素。

几年前，爱彼迎决定刷新品牌，他们致电总部位于旧金山的设计工作室寻求帮助。当爱彼迎品牌重新设计后，无论是在设计界还是在企业内部，都引起很大的争议。但过了一段时间，在整体识别全部执行后，证明他们当初做了正确的决策。现在可以很明显地看到，从当时流行的字形到图标化的"A"是个正确的识别设计选择。

设计工作室努力把爱彼迎国际性、亲切、冒险精神和归属感等属性融合在一起。他们把 Logo 从文字简化为一个图标，去除语言的障碍并使之在全球都易于识别。融合大量的色调和不同的图形风格，使每种文化、每个国家都能够识别爱彼迎的品牌。

3. 建立和谐的品牌形象组合

（1）品牌形象组合方式。品牌组合是指包括一个组织所管理的所有品牌，品牌组合方式主要包括单一品牌、亚品牌、授权品牌、独立多品牌等。

通用汽车是最早使用品牌组合战略的，但是把品牌组合这一策略发扬光大的却是宝洁公司。如洗发水品牌中几个知名的品牌都属于宝洁公司，而这几个品牌主打的侧重点不同，可以说让宝洁占据了洗发水市场的半壁江山。

（2）品牌形象组合的优势。

1）获取不同细分市场的客户群。宝洁公司是全球最大的日用消费品公司之一，它成立于 1837 年，在日用品市场上其知名度颇高，其产品包括洗发、护发、化妆品、护肤用品、个人清洁用品、家居护理等。

宝洁旗下的洗发水品牌各具特色，不同的顾客根据自己的需求去挑选洗发水，这些差异化的品牌可以满足不同消费者的不同需求，宝洁公司也可以根据各品牌不同的侧重点去发展不同的细分市场，从而获取不同细分市场的客户群。

2）占据更多的货架，减少竞争对手的陈列空间。一个公司旗下的子品牌越多，也就意味着该公司旗下的产品越多，在进行商品上架时，该公司的产品就会占据更多的商品货架，自己的产品占据的货架越多，相应的其他竞争性品牌所占据的货架就会越少，从而可以压缩竞争对手的陈列空间，为自身带来更大的利益。

同样以宝洁旗下的五款洗发水为例，如果一个洗发水货架所要上架的洗发水产品是十个不同的品牌，宝洁公司旗下就有五个洗发水品牌可以进行选择，而其他公司可供选择的洗发水品牌却只有一个，这也就意味着宝洁公司的品牌就会有更大的概率被选择、被上架，那相应地就会有机会占据更多的货架空间。

3）增加零售商对公司的依赖。在零售商与公司进行合作时，公司的子品牌越多，就越可以增加零售商对公司的依赖性。

宝洁旗下有五款洗发水，如果零售商与宝洁一家公司达成合作，便可以同时销售它旗下五款品牌的产品，而如果某公司只有一个品牌，那所销售的只是单一的品牌。多个子品牌不仅可以节省零售商进行洽谈、协商的时间，有利于零售商的销售，同时也会增加零售商对公司的依赖，促进公司的销售量，达成互利共赢的目的。

4）在原材料采购方面获得更大的规模优势。众所周知，同类产品的原材料基本都是大同小异的，一个公司拥有多个同一类型的子品牌，在进行产品原材料购买时便会形成更大的规模，进行大批量购买，通常情况下量大都会从优，这也为公司节约了产品的制作成本。

5）激发公司内部良性竞争。产品之间可以分为竞争产品、互补产品、替代产品等多种关系，同类产品之间属于竞争关系。

无论是从产品质量还是从品牌形象来说，同一类产品之间也必然会形成竞争，这也势必会造成不同品牌员工之间的竞争。对于同属于一家公司的不同子品牌来说亦是如此，品牌与品牌、员工与员工之间都会形成一定的竞争，而在公司内部这种竞争是良性的，正如"鲶鱼效应"一样，不同品牌之间的竞争可以促进品牌的进步、提升员工的积极性，保证企业的创新性与活力。

子品牌的发展可以推动母品牌的发展，同时其品牌形象也可以助推母品牌的品牌形象构建，不同的品牌组合关系会起到不同的助推作用，建立和谐的品牌形象组合，有助于构建良好的品牌形象。

正如不同的品牌组合方式可以构建良好的品牌形象，而实时竞价广告在网络营销广告中也会形成多种营销方式相组合的现象，在多种组合方式中，可以选择搜索引擎营销+整合营销的策略。

搜索引擎营销可以分为 SEO 与 PPC 两种。SEO 就是搜索引擎优化，通过对网站的结构、主题内容等进行优化，以获得更多的流量，从而达成网站销售及品牌建设的预期目标。PPC 主要是通过购买搜索结果页上的广告位来达到营销目的。

搜索引擎广告具有相关性的优势，由于其广告只出现在相关主题的网页或者相关搜索结果中，因此相较于传统广告而言，搜索引擎广告的投放更加精准，客户转化率也更高，广告效果自然而然也就更好。

整合营销传播是指企业在经营的过程中，将由外而内的战略观点作为基础，为了与利害关系者进行有效的沟通，把营销传播管理者作为主体而展开的传播战略。在整合营销传播中，营销的框架从 4P 转为了 4C，营销的核心也从"产品"转变为"消费者"，而对消费者进行全面深刻的了解，就要以建立资料库为基础。实时竞价广告有针对性地投放前提也是抓住了受众的喜好，这与整合营销的需求不谋而合。

实时竞价广告采用搜索引擎营销+整合营销的组合营销方式，可以使广告得到更精准的投放，可以投其所好地将广告展示给感兴趣的用户，进行更好的传播从而达到更好的广告效果。

第二节　实时竞价广告的品牌形象传播

实时竞价广告是以互联网为载体的广告形态，其传播与发展也依托于互联网的发展，实时竞价广告的品牌形象传播与数字媒体的品牌形象传播相类似。相对于报纸、电视等传统媒体而言，数字媒体是基于现代信息科技，结合新兴的媒体渠道，通过手机、电脑等工具，最终给用户传递信息提供服务的媒体形态。如图10-1所示：

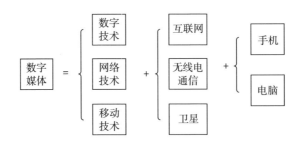

图 10-1　数字媒体的信息传递

资料来源：威凤教育．数字媒体运营方法与实务［M］．北京：人民邮电出版社，2020．

　　数字媒体与传统媒体相比，其传播速度更快，成本更低，更新更加及时，信息含量更大，搜索信息更加方便，其信息含量更大，同时可以进行多媒体传播。实时竞价广告的传播特点与数字媒体相类似。

　　实时竞价广告品牌形象的传播，一方面可以通过独特的手段或者技巧来唤起消费者的注意，另一方面也要起到增强受众对品牌的了解、降低品牌的宣传成本，进而实现品牌跳跃的重要功能。品牌良好形象的传播可以有助于推动品牌目标的实现，在品牌形象广告中，一则优秀的广告能够给品牌带来良好的市场效益，还可以提升品牌美誉度，从而增强消费者的品牌忠诚，这会直接影响消费者的决策与选择。

　　在品牌形象传播中始终要坚持整合营销传播中"一个主张，一个声音"的原则，整合营销传播主张用一个声音说话："每一条信息都应使之整体化相互呼应，以支持其他关于品牌的信息或印象，如果这一过程成功，它将通过向消费者传达同样的品牌信息而建立起品牌资产。""整合营销传播理论"被提出之前，报纸、电视、杂志、广播、户外等传统媒体不断细化发展，各自具有不同的营销沟通方式，聚焦于运用广告、公关、促销等细分传播群体与市场。而整合营销传播则强调：整合不同的传播活动，综合协调运作各个传播要素，创造一个统一的传播形象，在传播形式上要相互配合，从而组织起更实效的市场传播战略和方案。

第十一章　实时竞价广告的品牌形象传播

第一节　实时竞价广告品牌形象传播的策略

品牌形象传播策略可以分为文化内涵策略、体验式传播策略等。

一、文化内涵策略

品牌文化包括品牌形象、用户利益主张、品牌故事、沟通口号等，将产品或服务作为载体，把形象、主张和价值等作为传播内容，与特定人群进行沟通的一套理念体系，它的目的就是给特定用户群提供特定的价值。

挖掘文化内涵可以展现企业的文化优势、推动企业品牌形象的传播，从而增强其市场竞争力。但是文化内涵也包含了许多方面的内容，如文化底蕴、文化概念等。

近几年，故宫是进行 IP 营销的榜样。因其故宫本身就是一个 IP，有着数百年的文化历史底蕴，2013 年，故宫开始涉足了新媒体领域，从而打造出一系列的爆款周边产品，故宫用自身的 IP 创造出了独特的产品价值，而故宫周边便是将故宫深厚的文化底蕴进行挖掘，将其与现代元素、审美等进行融合，从玩偶到文具，从生活用品到彩妆，衍生出了一系列的爆款周边产品。

二、体验式传播策略

体验式传播可以加深品牌形象在消费者心中的影响，同时也可以增强二者之间的互动，拉近二者之间的距离。

2022 年春季，海底捞开始推出河豚锅系列新品，其中包括河豚锅底、河豚鱼片、河豚鱼丸等，而在正式推广之前，海底捞在会员中进行内测，海底捞选择有资格的会员进行免费试吃活动，这一做法不仅可以让用户进行"沉浸式体验"，带来良好的用餐体验，还会在无形中让会员进行宣传，形成社群传播，在无形中提升了海底捞的知名度与美誉度，塑造更好的品牌形象。

第二节　品牌形象传播的途径

1. 新闻分发平台

大数据和算法推荐技术的发展助推了新闻分发平台的崛起，如今日头条就打出了"你关心的才是头条"的口号，凸显出个性化、定制化的新闻传播趋势。各大主流媒体也相继推出了各自的新闻客户端平台，顺应了数字媒体时代的发展。实时竞价广告在新闻分发平台进行广告的投放，不仅可以增加点击率，也可以提升品牌的可信度，因为新闻分发平台相较于其他平台更加官方，这也会提升顾客对品牌的信赖程度。

2. 社交平台

微信、微博等社交媒体平台是构建人与人之间社交关系网络的基础，随着互联网的发展，社交媒体平台也得到了突飞猛进的发展，社交媒体平台体现出扁平化、节点化的特征，而且基于强关系的人际传播具有更强大的影响力。

现如今很多消息都是先在社交媒体平台进行传播的，人们获取新闻的渠道可能是通过微博热搜，人们早上睁开眼睛的第一件事可能就是刷朋友圈，可以说大多数人已经对社交媒体平台产生了依赖作用，这也体现出社交媒体平台作为主流传播渠道的优越传播效果。

　　我们在浏览微信公众号、微信朋友圈和微博时也会发现，在公众号和朋友圈中经常会隐藏着广告，浏览微博时也是一样，这些隐藏在微博和微信中的广告进入我们的视野，我们有意无意地就会产生记忆，甚至会记住这个品牌。实时竞价广告在社交平台上进行投放，对产品和品牌的推广都是十分有益的。

　　3. 短视频平台

　　短视频是指依托于互联网技术、数字技术、多媒体技术、移动通信技术，运用时长较短的视频传播样态传播信息的信息传播方式。短视频平台具有碎片化、娱乐化、交互性强的特征，因此也日益成为年轻群体获取信息的重要渠道，除年轻人外，越来越多的中年人也开始走进短视频平台。

　　短视频平台最显著的特征就是碎片化，一个短视频可能只有几十秒或者十几秒甚至几秒，这极大地满足了当下人群对于短时间内获取信息的需求，以抖音为例，受众在刷抖音时在一分钟之内就可以获取到好几条抖音的信息，人们在等公交、地铁的间隙就可以进行信息的获取。

　　此外，短视频呈现出泛娱乐化的特征，当代人生活节奏非常快、生活压力也普遍较大，短视频可以让人们有一个暂时性的放松，满足人们的娱乐需求。

　　短视频平台的另一个特征就是交互性强，在短视频平台，用户可能并不认识自己刷到的短视频的制作者，但仍可以进行点赞、评论、收藏等互动性行为，陌生人之间也可以进行互动，这也极大地满足了受众的交流需求。

　　短视频平台已经成为越来越受欢迎的娱乐、交流平台，这也被越来越多的广告主作为广告投放平台，在短视频上投放广告也成为大势所趋，在受众娱乐的间隙让广告进入受众的视野，可以减少受众对广告的反感与抵触，可以让产品更好地被受众所接受，进而塑造良好的品牌形象。

　　在实时竞价广告进行品牌传播时也应始终遵循整合营销传播原则，即"一个主张，一个声音"的原则，无论是子品牌还是母品牌，任何一种品牌形象组合，以及传播途径、渠道等也都应遵循这一原则，从而保证品牌形象的统一性和品牌对外传播的一致性。

　　4. 购物平台

　　互联网的发展滋生出了网购 App，越来越多的消费者开始通过网上进行购物，网购 App 也得到了白热化的发展，线上购物已经成为当下消费者主要的购物方式之一。

实时竞价广告属于程序化广告的一种，当人们在购物 App 搜索自己感兴趣的商品时，同类产品可以进行竞价然后投放，将广告投放给可能对该商品感兴趣的人，消费者也可以快速地浏览到自己感兴趣的商品。在购物平台投放广告不仅方便且高效，对广告主和消费者都有益无害，也有利于品牌更好地宣传，扩大传播效果。

5. 传统的大众传播媒介

新媒体平台的发展与崛起抢占了大量的流量和广告资源，广播、电视等传统媒体的影响力逐渐式微，但是许多老年人和山村居民仍以电视、广播等传统媒介为接收信息的渠道，因此传统的大众传播媒介也应该成为当下不可忽视的主流渠道之一。

广告不仅可以帮助企业树立良好的形象，而且可以帮助品牌实现品牌增值。在数字媒体时代，根据产品目标用户的特点去选择更加合适的传播渠道，对于提高产品与品牌经营和管理具有重要意义。一方面要深入对用户的需求、平台的特征进行调研；另一方面也要通过技术的加持建立起内容、产品和用户之间有效的联系，以达到维持用户黏性、实现品牌可持续发展的效果。

第十二章　实时竞价广告品牌形象监控

实时竞价广告的品牌形象监控可以通过进行品牌形象市场调查和品牌诊断来完成。品牌形象监控包括消费者对于品牌知名度、美誉度、满意度和品牌联想等方面的监测；对于竞争品牌的监测；对于目标市场的监测；对于外部政策环境的监测。对于企业而言，通过对消费者对品牌周边动态的监测，有利于品牌决策维护品牌价值，对竞品监控有助于企业自身规避行业风险，从而提高市场竞争力，实现业务创新。

第一节　品牌形象市场调查

消费者行为研究与企业市场的营销活动密不可分，是营销决策的基础。它是市场调研中最普通、最常实施的研究。消费者行为研究是指对消费者为获取、使用、处理消费物品所采用的各种行动以及事先决定这些行动的决策过程的定量研究和定性研究。该项研究不仅可以了解消费者是如何来获取产品与服务的，而且还可以了解消费者是如何消费产品，以及产品在用完或者消费之后是如何进行处置的。对消费者行为进行研究，对于提高营销决策水平，增强营销策略等方面有着很重要的意义。

消费者行为决策是一个动态的过程，消费者行为往往受到不同因素的影响。分析消费者的行为数据可以使我们更好地了解消费者，从而选择对消费者产生最大影响的方式去展示广告主的产品或服务，以达到更好的广告效果。

了解消费者的行为也是市场营销中很重要的一个方面。基于消费者行为数据，我们不仅能够了解消费者如何做出决策，还可以了解潜在客户如何对新产品或新服务做出反应。从数据中探索可操作的见解，以支持企业提出相应的策略，这是很重要的。

1. 问卷调查

问卷调查是一种对消费者进行行为研究最直接有效的方法。通过对消费者进行问卷调查，预测出消费者进行网上消费的相关数据，然后进行相关的分析，得出调查结果，实现对消费者的行为研究，以达到品牌形象监控的目的。

2. 投射测验

投射测验用于探索个体内心深处的活动，是人格测量方法之一。采用一些意义多样的刺激，如墨渍、无结构的图片等，让被试者在不受限制的条件下做出反应。为了减少伪装，保证试验结果的可靠性，被试者通常不知测验的目的，心理学家根据自己的理论假设对被试的反应做出解释。

林达塞（G. Lindzey）从投射测验要求受测者做出反应的特点来对投射测验进行分类。从这个角度可以以将投射测验分为五种：

联想法：受测者根据某种给定刺激进行联想，例如墨迹测验、词语联想等。

构造法：让受测者编造或创造一些作品，如编故事、绘图画等。

完成法：让受测者将某种材料补充完整，如句子完成测验。

选择或排列法：让受测者根据某种规则将一些刺激因素进行排列或选择，例如请受测者将一些颜色卡片按照自己的喜爱程度去进行排列。

表露法：让受测者通过某种媒介去自由地将自己的心理状态进行表露。

投射测验是一种有效、难学难精的测评手段，在追求效率、数据驱动、平衡成本的当下，已被边缘化。笔者也建议把投射测验作为辅助测评参考，结合量化的测评工具一起使用。

3. 情境测验

情境测验（Situational Test）是心理测验的一种。通过在真实的生活情境或者人工设计过的特殊情境中观察被测试者完成所给予的任务情况来评估他们的某些能力、工作态度或者情绪以及人格特征等。

情境判断测验是一种有效的情景模拟测评工具，主要适用于对人们的社会生活与工作实践能力测量。它通过模拟一些工作中实际发生或可能发生的情境，让应试者针对情境中的一系列问题，并对相应的行为反应做出判断、选择和评价。

第二节　进行品牌诊断

对企业的品牌形象监控可以通过品牌诊断来实现，通过品牌诊断可以判断一个企业的现状及成败原因。品牌诊断包含四个环节，分别是：市场占有率分析、品牌忠诚分析、品牌资产分析和营销广告活动分析。

1. 市场占有率分析

品牌诊断的第一步是市场占有率分析，这一环节需要获取足够多的关于企业品牌在被诊断阶段的资料，专门的调查咨询公司可以实现这一进程，之后将所获取的资料进行整理并与竞争品牌的相关资料进行对比。

进行市场占有率分析的目的在于：对市场占有率的严格定义可以为决策者提供可供比较的市场占有率；对市场占有率的构成因素分析可以找到市场占有率上升或下降的具体原因，并基于此为企业改进其营销系统提供更好的建议。

2. 品牌忠诚分析

品牌忠诚度是指消费者对某一个品牌具有特殊的偏好，在购买此类产品时，因为对该品牌的认可从而放弃选择其他品牌的同类产品。

依据消费者对品牌的忠诚度可以分为态度忠诚者居多的品牌、行为忠诚者居多的品牌，以及非品牌忠诚者居多的品牌，忠诚度最高的是态度忠诚者居多的品牌。进行品牌忠诚分析，可以了解该品牌的消费者品牌忠诚度构成结构，判断品牌定位是否合理，进而判断企业的品牌定位是否需要进行调整。

3. 品牌资产分析

品牌资产分析包含消费者对品牌的态度及产品质量的看法、消费者关于品牌的联想和消费者的品牌意识。对品牌态度的分析也就是分析消费者对品牌的态度与他们购买使用该产品之间的关系紧密程度，品牌联想分析则是指分析消费者联想到这个品牌时的印象是好还是坏，而品牌意识分析是指分析消费者对品牌的印象是否深刻。

4. 营销广告活动分析

营销广告活动包含了产品本身、产品的价格、产品分销渠道、产品的促销等，通过对这一系列的分析可以判断品牌打造的是一个什么样的形象，从而判断其在消费者心中的形象。

实时竞价广告产业融合分析篇

第十三章　"四全"媒体时代的实时
竞价广告（RTB）产业融合建构研究

通过前十二章综合研究实时竞价广告的发展与现状以及运行机制，可以看出中国的实时竞价广告产业已经进入了一个飞速发展的新阶段，中国实时竞价广告（RTB）模式是新型网络广告的购买模式，因其准确的后台数据计算挖掘、精准的广告位曝光、最大的广告收益成为我国目前网络广告最先进的投放模式，传统媒体广告投放由于周期长、程序复杂、广告位资源有限、广告费用高等缺陷逐渐式微，而全媒体产业与实时竞价广告产业的融合，将会在广告资源的分配、媒体流量的配给供应方面有着独到的优势，所以两者的产业融合是大势所趋，随着全媒体时代的到来，实时竞价广告必定加速向全媒体进行投放，改变了传播进程中"媒介决定广告"的一般模式，形成"广告决定媒介"的颠覆模式，本章运用社会学中伊里亚·普里戈金的耗散理论，阐释解读当前实时竞价广告（RTB）作为新型网络广告的代表投放全媒体的社会化进程原理及其趋势性和必要性。

"四全"媒体是指全程媒体、全息媒体、全员媒体、全效媒体。"四全"媒体是全媒体四个层次的解释，全媒体指的是不同媒介形态通过融合的广电网络、电信网络和互联网络进行传播，实现电脑、手机、电视等多种终端的信息融合接收（三屏合一），最终实现任何时间、任何地点、任何人通过任何终端都能获得任何想要的信息。"四全"媒体体现的是全媒体"全程、全息、全员、全效"的特点，随着实时竞价广告技术的成熟和发展，大数据广告和全媒体融合建构，是信息传播技术和大数据革命的必然产物，也是传播领域中媒体与广告关系社会化价值融合进程的结果，因此关于大数据广告与"四全"媒体融合的研究热度不断，视角也各不相同。诺贝尔奖获得者伊里亚·普里戈金的耗散理论虽然是理论物理学的研究成果，但是因为其关于能量交换和阈值临界的观念，被广泛地应用在社会学、传播学、哲学等领域，很好地阐释了社会信息传播进程中关于媒介和广告信息交换融合的过程，从而为大数据广告和媒介融合提供深度研究方向。

第一节　耗散式传播
——新结构下的信息与技术有序融合

　　"耗散"一词源于拉丁文 Dissupabilis，原意是消散，特指与外界有物质和能量交流的特性。在化学及物理学等自然学科的运用中，常指分子、粒子和热量等物质能量的交流与传递，而耗散理论被运用于以媒介与信息交换为主体的传播学中，却更显示它的科学性与现实意义，从总体的人类信息传播历史发展进程来看，广告信息传播技术的发展与媒介发展总体是相对均衡的，局部短期内发展则处于非均衡的状态，而耗散理论正好解释了这个发展过程，也证明了人类信息传播史中广告与媒介共存共荣的关系问题。

　　作为一名物理学家和化学家的伊里亚·普里戈金，他的思想却充满着哲学理念，被誉为"热力学的诗人""把自然科学与人文科学重新装在一起"的思想家，著名未来学家阿尔文·托夫勒在评价普里戈金的思想时，认为它可能代表了一次科学革命。伊里亚·普里戈金认为，系统开放论对于开放系统来说，由于通过与外界交换物质和能量，可以从外界获取负熵用来抵消自身熵的增加，从而使系统实现从无序到有序、从简单到复杂的演化。很好地解释了社会系统内部的重组与变革的原因与趋势，也解释了为什么目前广告技术尤其是相关大数据技术的发展可以使网络广告较快地融合到传统媒体产业中去，他还认为"阈值即临界值对系统变化有着根本的意义"，这个阈值指的就是信息传播技术的跨越式发展是媒介产业和广告产业转型的原动力，只是这个信息技术的临界值怎样定义，还在业界和学界的讨论范围，但是大数据技术的发展确实转型了众多以信息传播为主体的产业，这是毋庸置疑的。从这里我们可以看出，传播学及信息技术的发展也在遵循着自然科学里"质"的变化规律。

伊里亚·普里戈金认为，物质和能量是以熵的形式存在并在不同系统中流动，并使开放系统达到突变以致平衡状态，后被广泛地应用于社会学和传播学中，在传播学中熵表示信息不确定性的程度，正表达了当前媒介系统发展的状态是不确定性和不均衡性，后来信息论创始人克劳德·艾尔伍德·香农（Claude Elwood Shannon）第一次将熵的概念引入到信息论中来，他认为"信息是用来消除不确定性的东西"，正是香农的信息熵的理论将普里戈金关于系统均衡和能量流动的理论直接应用于传播学理论中，也成为近现代传播学理论的基本原理，奠定了以信息传播模式为基础的近现代传播学、新闻学、广告学、市场营销学等社会学科理论构建。

香农信息论的重要贡献关于信息内容的不确定性和熵之间的关系，同时确定质量、能量和信息量的关系，著名的信息熵计算公式即出于此，由此也确定了能量和信息量之间确实可以以数量级的方式来呈现，也进一步证明了以信息为传播内容的广告产业和传媒产业的变化发展确实需要信息能量的注入和融合，香农提出了用信息熵来衡量信息量的大小，香农认为，信息是和长度、重量这些物理属性一样的，是一种可以测量和规范的东西，正是信息熵含义的确立传播了广告技术与传媒技术发展的标准，即海量即时的信息传输技术提升了整个行业的发展，而比特（衡量信息的另一单位）币正是信息像原材料、人力、资本一样成为流通于市场经济的见证，熵与比特不同之处就在于，信息熵更强调能够让广告、传媒等产业改变均衡状态的巨量信息量的临界值，这和普里戈金的"耗散"理论不谋而合，而比特指的是衡量信息量的一般单位，1964年，马歇尔·麦克卢汉评论，人们曾经以采集食物为生，而如今他们要重新以采集信息为生，这件事看起来很不可思议。耗散式传播与信息熵的关系据此有了更深入的研究，具体表现有以下三个方面：

第一，耗散式传播的意义是相互融合。普里戈金认为，只有通过连续的能量流和物质流才有可能维持相对平衡结构，对于传播而言，信息传播技术的改变带来的信息流能量的相互融合才是传播系统发生质变的原因。对于传播系统而言，融合即改变，传统媒体与新媒体的融合关键在于互联网技术的渗透，而互联网广告与传统媒体的融合必须基于传统媒体信息流能量的改变，即互联网技术渗透传统媒体，所以耗散式传播的意义通过信息流能量的融合达到均衡的系统状态。传统媒介系统和网络广告系统的融合是打破原有的运作流程，开辟新的媒介生态系统。

第二，耗散式传播的目标是远离平衡态和寻求开放系统。普里戈金认为，复杂的开放系统在平衡态附近的非平衡区域不可能形成新的有序结构，在这个区域内系统的基本特征是趋向平衡态。在远离平衡态的非平衡区域，系统可以形成新的有序结构，即耗散结构。按照普氏的观点，新的有序结构的形成一定是远离平衡态的，并且只有开放系统才有利于能量的交换与融通，传统媒体和互联网生态系统的不均衡性，决定了传统媒体必须通过信息流能量的置换和融通，才能形成新的有序的媒介生态，而传统的秩序必然要被打破，作为传统媒介的关键广告系统，也必须在这种情况下完成新技术的能量和质量融合，才能完整地形成新的媒介系统，所以说大数据广告技术进入传统媒体是时代的必然趋势，是符合事物发展规律的。

第三，耗散式传播的原理是组成系统的子系统之间相互作用。普里戈金认为，这些相互作用的子系统是非线性的，不满足叠加原理。正因为如此，由子系统形成系统时，会涌现出新的性质。按照普氏的观点，传统的媒介系统由多个子系统组成，例如广告系统、印刷系统、制播系统等，这些子系统相互作用形成完整的媒介系统链条，生产媒介产品，创造品牌和经济价值。而每个子系统也在不断地发展，发展融合新能量，产生新的产业生态系统和产业链条，比如广告系统在大数据技术的融合发展之下，产生了实时竞价技术、精准需求投放广告，解决了传统广告资源浪费的问题，提升了消费者和广告主对广告信息传播的体验度，而广告系统与媒介其他系统的相互作用，形成了新的媒介生态系统，各种类型信息传播的渠道和质量、数量大大提高，可以说是真正形成了"1+1>2"的产业融合理想状态。

作为一名物理学家和化学家的伊里亚·普里戈金，他用非平衡态和耗散结构实证地阐释了自然科学的法则，用实验实际阐释了自然科学的真理，而他的思想却极大地影响并发展了社会科学，尤其是香农信息论的来源就是来自普氏的耗散结构理论，而香农的信息论对近现代传播学的建立奠定了坚实的基础和学科构建的本质，并在实践中指导着传播及其相关各种产业的发展与进步，随着各项产业技术尤其是广告产业技术的大发展，传统媒体与互联网广告的耗散式融合将会更加紧密和互补，而融合的节点将是信息熵的高度传播，真正达到了传播产业技术革命所需要的历史条件和物质及理论因素。

第二节　开放与融合
——"四全"媒体产业与广告产业发展本质

产业融合的本质是在技术创新的推动下对传统产业组织形态的突破和创新，是产业组织结构变迁的一种动态过程。从人类信息传播的发展历史来看，先形成信息表达符号和信息传递渠道媒介，在人类信息的生产力和生产制度不断完善提升的过程中逐渐形成了信息商品化的过程，由于人类技术的进步，信息的生产者、销售者和传播者逐渐分离，形成更为细致和专业化的分工，再由于大机器时代的生产效率明显提高，专业化分工和信息采集、信息加工、信息传播等环节的合作联合变得更加必要和频繁，因而形成了媒介产业形态。同理，媒介产业的动态变迁包括组织结构的变化也是由媒介生产力的变化和变革来决定的，媒介生产力的变化与变革主要是由信息生产技术的改变来决定的，所以各种不同产业是否可以融合是由其技术本质决定的，广告产业和媒介产业从本质上来说，都是以信息生产和流通为本质的产业，广告本身的含义就是以传播商品信息为本质的传播形式，广告产业则是以生产、销售、流通、传播商品信息为链条的社会组织，所以两者以技术提高为本质的融合是完全可能的。

首先，对于广告系统和媒介系统而言，要想融合两者必须先是开放的状态。对于任何已知存在的组织系统而言，开放系统是从外界获取能量的基本保障，只要是开放的系统才能达到整体系统的平衡态而获得发展，我们一直在寻找各种产业发展变化的本质原因，根据普氏对于系统论的阐述，其实是自身和外界能量的变化以及社会环境进步的推动，这也解释了为什么组织系统要想获得长久的生存与发展，必须开放系统本身，容纳更多的社会技术进步变化所带来的变革。纵观广告产业的发展进程，无疑是一个长久的开放系统，从最简单的沿街叫卖，到大规模的印刷广告，再到现在的大数据广告，实现了人类信息传播史技术的变迁与信息传播表达设计创意的完美融合，传统媒介产业也是如此，只要开放的状态才能融合更多先进的技术，才能实现传统媒介产业的融合。

其次，对于广告系统和媒介系统而言，融合的主要方式是与外界交换物质和能量，通过外界获取的熵（即有利因素）来抵消自身熵（即不利因素）的增加，实现系统的整体发展。熵是对能量特定的衡量标准，互联网普及、大数据和人工智能的广泛应用，对于媒介产业和广告产业而言，都是与外界进行的信息熵能量的交换，用来改进本系统发展中的不利因素，比如广告产业使用大数据技术精准投放广告信息，改变了传统广告投放资源浪费的不利因素，解决了自现代广告产业形成以来的历史性难题，而媒介产业使用大数据和人工智能，大大提高了信息采集、编码、译码、同频翻译以及传播的效率，也大大改善了受众的体验度。而广告传播技术与媒介产业进一步融合更是提升了两者对社会技术环境变化的适应力，所以融合是产业在自身发展中谋求进步所作出的必要变革，融合可以内部利益结构的相互融合，也可以是外部具有共同利益属性的融合。

再次，对于整体系统而言，开放融合的过程是相对缓慢的，并非一蹴而就的，系统势必要完成从无序到有序、从简单到复杂的演化。早在 2010 年，大数据技术已经开始在全球范围各个行业内普遍引起关注，这也被认为是继互联网普及之后又一颠覆人类技术史的力作，不到三年的时间，全球各个行业顺势而动开始了自身大数据技术的改造，经历了从无到有、从无序到有序、从简单到复杂的技术历程，大数据发展近十年来，中国的广告市场，互联网大数据广告已经完成了尝试使用、技术改进、技术完善到技术创新各个进程，目前中国广告产量（即投入量和产出量）的大部分数额是由互联网大数据广告完成的，这个过程经历了近十年，而中国的媒介产业发展在互联网的冲击之下，也是逐渐完成转型和变革的。从传统媒体的衰落，数字媒体产业的逐渐壮大，传统媒体与新媒体的升级转型融合，再到大数据广告的影响之下媒体盈利方式的转变，都昭示着这个过程是一个缓慢蜕变的过程，不可能一步到位，需要时间和实践的历练与检验，才能真正实现两者系统的融合统一。

最后，开放和融合不仅指的是媒介产业和广告产业在信息传播技术方面的互为进步，还指的是决策观念和管理方面的高度统一性，把媒介产业和广告产业看成是互相独立发展又相互协调统一的发展体。比如，媒介产业和广告产业以大数据技术的普及应用为发展动力，成为业界共识，在相互的技术合作方面需要相应的组织机构予以配合与完善才能达成目标，这就要求从管理层面形成整合一致的思想观念，目前媒介产业的盈利方式发生着巨大的变化，从单纯依靠广告收入到主体依靠付费服务项目，也就意味着两者之间合作的方式要发生变化，广告要从受众出发，深度挖掘受众需求，精准排布广告位及展播时段，增加了媒介产业的收入，也提升了广告产业自身的运作水平，这个观念要在管理层面得到统一的认可，两个相对独立的个体才能在实际运作中和谐统一地完成融合目标。

第三节　从平衡态走向非平衡态
——把握、预测、构建是"四全"媒介产业和
广告产业耗散式融合的必经之路

普里戈金对社会系统的发展曾经这样分析："社会是极为复杂的系统，包含着潜在的巨大数目的分叉，这样的系统对涨落高度敏感，哪怕是小的涨落，也可能增长并改变整个结构，稳定的、永恒规则的安全性似乎一去不复返了。"作为日益更新的媒介系统和广告系统，自互联网技术、大数据技术及人工智能技术发展至今，其业内在产业结构、管理运营及资本运作形式方面都发生着巨大的变化，甚至是改变了人类固有传统的消费系统，网络社群经济形式及比特币等虚拟信息货币代替了传统的货币价值交换，媒介及广告产业增值的方式也随之巨变，呈现出多样化形态，共性与个性的变化无一不显示对传统社会及文化的颠覆，如何合理地解释这些社会文化领域的巨变呢？我们用普氏的观点如涨落、反馈放大、耗散结构等来分析，就不难发现社会系统中出现的各种现象了，如技术高潮、范式更迭、产业革命等，其实都是系统在微小敏感因素的影响下逐渐从平衡态走向非平衡态，又从非平衡态走向平衡态循环往复的过程，而这微小因素逐渐壮大，形成社会系统的巨变，而我们要做的就是把握系统中细微的变化、预测这些变化对系统可能的影响、通过变化利用技术的发展规划和改造现有社会系统，

以保持持续稳定的发展。

首先，在特定的不断变化的社会环境下，把握媒介系统和广告系统的变化趋势，是保持系统稳定发展的先决条件。根据耗散结构原理——在远离平衡的条件下，有可能通过耗散环境的有效能量形成新的有序结构，实时竞价广告（RTB）是网络广告的一种，是在有限的广告曝光位上进行快速的竞价过程的广告，这个过程依托大数据挖掘中的 DSP（需求方平台）、SSP（供应方平台）、Ad Exchang（广告交换平台），有效快速地对受众在网络的浏览痕迹进行精准定位与预测，从而快速竞价投放曝光广告，达到有效精准传播的广告目标由于其精准、快速、专业、覆盖面广、广告费用少而受到广告主的青睐，并迅速占领互联网广告空间，成为传统门户网站广告业务的替代者。电视媒体，作为传统电子媒体的大平台，在互联网和数字信息技术的覆盖之下，已经成为全媒体的代表，但是电视广告的类型依然沿袭传统媒体广告的运作经营方式，这就造成了电视媒体系统发展的不平衡，主要表现为电视媒体不能像网络视频媒体一样，收取服务费用增加收入，而越来越多的广告主又将广告费投放至网络广告位，所以电视媒体虽然融入了互联网数字技术，如果本身的运营方式不发生变化，则很难获得因融入新技术而取得的收益，所以通过实时竞价广告的投入使用，改变了电视媒体的盈利方式，使电视媒体系统和互联网广告真正地融合一体，耗散传播使传统电视媒体系统和广告系统形成新的有序结构，是符合电视媒体系统和互联网广告系统的发展趋势的。

其次，普里戈金认为"对某个客体的科学知识与掌握它的可能性之间的相对分离远远没有使科学终结，而是为大量新的前景和新的问题发出信号"。电视媒体系统和互联网广告系统相互融合的大趋势下，可以预测的未来使用互联网广告乃至更为先进人工智能技术来重塑电视媒体广告，我们对目前现有的广告技术进行分析后不难发现，互联网模式的优势表现为基于大数据分析的智能定向投放，这和传统广告的规模投放是完全不同的，使广告的供求关系发生了变化，以技术和协议的方式把需求自动聚集，大数据技术解决了精准营销的问题，而人工智能则要解决广告表达力和创造力的问题，广告曝光除了需要大数据技术的快速抓取和应用，广告本身艺术力的展现也是重点部分，传统的广告设计虽然具有创造性，但是缺乏实效性，很难迅速适应需求方的要求，而人工智能技术的应用则可以在短期内解决创意设计的问题，而电视系统因其集视觉、听觉，甚至是触觉而独占优势，更加强调其独特创意带来的视听感觉和独特性，在可预见的未来，人工智能的应用将逐步取代人类思维的创意，以适应大数据时代的到来。

最后，根据普里戈金的系统非平衡态原理，近平衡态体系由于能量的融合必然向平衡态体系靠近，我们可以推论在两个系统进行融合和平衡的过程中，组成体系的每一个个体充分自由的活动方式，导致整体状态的最大无序性，这就需要我们进行新系统规则的重建和融合过程规划。在实施竞价广告系统向电视媒体系统融合的过程中，我们需要建立规则和计划，构建新系统，保证这个过程是有序的、合理的，而不是无序的单纯交叠。这个过程的规则和规划主要体现在以下三个方面：第一，整合资源吸聚，这里主要指广告主和电视资源的选择性吸聚，电视媒体的实时竞价广告主的选择主要应集中在电商、金融等效果广告主上，这些广告主表现多为处于成长阶段中小企业主，对品牌形象的塑造和市场的占有需求更为迫切，在全国传统各大电视台和地面频道跑马圈地的背景下，整合吸聚各区域电视台的时段剩余资源投放实时竞价广告，提升剩余资源的售卖率，在需求方和供给方两端形成海量端点。第二，实时竞价广告确立和电视广告资源匹配市场价格规律，优质黄金资源仍采取传统的透明刊例的方式售卖，频道剩余或限时资源可以面向新媒体广告主进行竞价售卖，海量碎片化的资源则可嵌入互联网电视等多屏终端实施精准投放。第三，电视广告多屏化实时竞价投放，聚焦用户注意力。实施电视广告多屏化的竞价投放，就必须实现接口的标准化，实现广告剩余资源自动获取、广告预算分配、实时竞价和程序化投放功能。根据上述三个规则，我们可以有规律地掌握实时竞价广告系统和电视系统融合平衡的过程，达到最好的发展状态。

普里戈金既是一名化学家和物理学家，用能量转移的规律解决了两种系统之间融合平衡的自然现象，同时他又是一名哲学家和社会学家，用自然定律解决了社会中事物发展的规律，他的哲学思想立足自然规律，又放眼未来变化，他始终认为，只要我们能认清并预测社会环境的变化与规律，我们是可以干预社会发展的，正如他自己所言："我们的过去被局限在现在，但我们的未来绝没有被局限在现在。"自然科学和社会科学在这种选择中得到了最好的体现，实时竞价广告系统与电视媒体系统的融合，代表着互联网技术向传统媒体的耗散式扩张融合，这个过程也代表了媒体和广告发展的趋势，通过普氏的理论思想，我们得以重新预见一个崭新的信息传播系统，它将伴随着融合脚步的加快，而给人类呈现一个更加智能化、多样化、精准化、快速化、人性化的信息时代，这是一种建设，更是一种时代责任。

第十四章　实时竞价广告产业布局
助推乡村振兴战略

习近平总书记在 2017 年 10 月 18 日党的十九大报告中首次明确提出要实施乡村振兴战略，此后，乡村振兴战略正式纳入政府工作的头部文件，并持续为乡村建设工作指引前进的方向。党的十九大报告中指出，农业、农村、农民问题是关系国计民生的根本性问题，必须始终把解决好"三农"问题作为全党工作的重中之重，实施乡村振兴战略。我国乡村振兴战略的出台和发展是历史的推动，也是中国发展的客观需要。

乡村振兴战略主要任务着眼于重塑城乡关系，促进城乡融合，在持续的经济增长中完善农村基本经济发展体制，并推进农村供给侧结构化改造。在实现前几个目标的更深层次上，做到与大自然的和谐共存，充分利用各种自然资源的现代农村治理结构，最后实现脱贫致富攻坚战的成功，并走出一条具有我国特色的农村脱贫致富攻坚的新路径。

关于乡村振兴的目标和任务，党在 2017 年的中央农村工作会议中明确指出，在 2020 年乡村振兴需取得重要进展、制度框架和政策体系基本形成；到 2025 年乡村振兴取得决定性进展，基本实现农业农村现代化；到 2050 年要全面实现乡村振兴，开创农业强、农村美、农民富的新局面。2020 年，在原有的政策基础上，国家对乡村建设提出了新的五大要求：产业兴旺、生态宜居、乡风文明、治理有效，以及生活富裕。并在 2021 年 2 月 25 日，习近平总书记在全国脱贫攻坚总结表彰大会上庄严宣告：我国脱贫攻坚战取得了全面胜利。

第一节　提出背景

1. 客观事实不容忽视：中国城乡发展不平衡

中国城乡发展的不平衡问题在较长时间内一直很突出，主要表现在农村产业发展质量低下、基础设施建设漏洞多、城乡居民收入差距过大等问题。农村地区产业机构的不合理造成农村区域无法形成具备竞争力的农业品牌，农民收入也无法得到提升，加之城镇区域基础设施的建设遥遥领先于农村地区，城乡之间的沟壑越发难以填补，"城市病"和"空心村"等问题亟待解决。

2. 社会矛盾发生转变：新时代产生新需求

在党的十九大报告中已经明确指出，中国特色社会主义进入新时代，我国社会主要矛盾已经转化为人民日益增长的美好生活需要和不平衡不充分发展之间的矛盾。随着新时代的到来，人民群众的需要对社会各行各业也提出了新的要求。加快乡村振兴战略的推进更是满足人民需求的重大决策，要通过乡村振兴逐步实现"产业兴旺、生态宜居、乡风文明、治理有效、生活富裕"的目标。

3. 百年历史继续延续：中国乡村建设的延伸

农村治理问题自清代便已经存在，清末民初郑永福的代表性著作《评清末筹备立宪中的地方自治》、贺跃夫的《论清末地方自治思潮》等都对此问题作出过科学的解释，并且主要着眼于清末"西学东渐"之风下产生的对封建王朝的思考。因此，对于城乡问题的关注，在中国早已延续百年之久，乡村振兴战略是党和政府对历史问题的继承与延续。

4. 振兴条件已经具备：城乡融合发展迅速

历经70年发展，中国乡村建设也取得了瞩目的成就。改革开放后以工促农、以城带乡、城乡融合得到了快速发展，国家统计局数据统计，1978~2017 年，中国工业增加值从 1621.5 亿元增加到 279997 亿元，实现了高速增长。城镇化水平的提高以及工业化、城镇化进程的加快，营造了城乡共同发展、全面融合的良好氛围。在党的十八大之后，工业反哺农业，城乡协调发展，农村得到了快速发展

（见图 14-1），推动了乡村基础设施的建立，如交通水电基础设施（见图 14-2）、公共服务设施及互联网技术的普及都得到了广泛建设，缩短了城乡空间距离、改变两者之间的流通方式、实现各种要素的融合。时代的进步，带来了城乡的发展以及人民观念的改变，城镇生活不再是奋斗的目标，城市居民开始追逐回归田园、返回乡村生活，而原本单一的农村经济开始向着旅游度假方向扩展，由此可见，农村的振兴是时代的必然趋势。

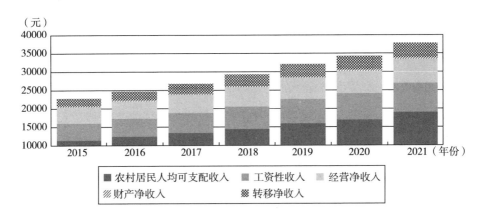

图 14-1　农村居民人均可支配收入年度变化情况

资料来源：国家统计局。

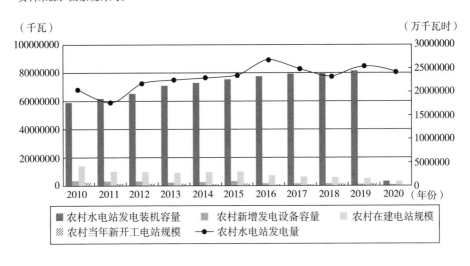

图 14-2　全国农村水电站建设及发电量年度变化情况

资料来源：国家统计局。

第二节　乡村振兴战略的发展演变

1. 探索：解放农村生产力

在农村的问题上，自新中国成立以来，党和政府就在不断地探索升级中。1980~1986 年，中央连续发布多个一号文件，并在文件中对解放农村生产力的问题出台了相关措施。"包产到户""家庭联产承包责任制"在争议中被实践证明，1983 年一号文件提出"两个转化"，要求促进农业从自给半自给经济向大规模的商品转化，另外，还要从传统农业向现代农业转化。农村改革解放了生产力，给农村经济带去了显著的变化。次年，"土地承包责任制"的出台促使农业生产到达一个高峰期，随后党和政府对农村改革进行了进一步的强调，对产业结构以及工农、城乡利益分配做出调整，摆正了农业在国民经济中的地位。

2. 萌芽："三农"政策的升级

乡村振兴是基于中国已有的"三农"政策，在此基础上完善升级的战略。中国自古以来就是农业大国，农村人口数量庞大，根据全国第七次人口普查报告，居住在城镇的人口为 90199 万人，占总人口的 63.89%；居住在乡村的人口为 50979 万人，占总人口的 36.11%。庞大的农村生产力为农业农村的发展提供了基础。解决"三农"问题一直是国家的头号任务，在改革开放的几十年里，相关政策不断出台以扶持农业、农村、农民发展，并取得了一定成果。比如：在城乡关系上探索城乡统筹发展、城乡一体化发展，提出要建设美丽新农村、美丽乡村等目标，也进行了农村创意发展，建设了特色小镇等项目。此外，城乡之间的密切联系是一直存在的，城市化、工业化进程的加快导致乡村被遗忘，而逐渐衰落。因此，城乡关系问题一直是许多国家关注的重点。在这个方面，中国通过出台一系列政策在扶持农村追赶城镇，努力探索城乡之间的关系，"三农"政策聚焦于城乡统筹、一体化进程，主要围绕农业和农民增收的问题，并侧重于统筹城乡资源要素，协调发展，从而忽略了乡村本身现代化的建设问题，而乡村振兴战略是在"三农"问题上的完善。

3. 形成：乡村振兴战略

2017 年是农村发展道路上的一个重要时刻，习近平总书记在第十九次全国代表大会上提出了乡村振兴战略，指出要"坚持农业农村优先发展，按照产业兴旺、生态宜居、乡风文明、治理有效、生活富裕的总体要求，建立健全城乡融合发展体制机制的政策体系，加快推进农业农村现代化"。自此，中国在"三农"政策的基础上，开始对城乡关系新一轮的调整升级，稳步推进城乡融合任务的进程。牟少岩指出"乡村振兴战略是三农政策从城乡统筹到城乡融合的升级与跨越"，城乡融合相比于城乡统筹更关注城市与乡村的共存共荣，从产业、资源、人力等多个方面发展农村、农业。乡村振兴战略的提出也为新一轮农村工作提供了新的发展方向。

第三节　乡村振兴战略主要内容

1. 文化振兴

文化是一个民族的魂、一个国家的精神支柱。自从乡村振兴战略提出以来，中共中央以及各级政府始终以乡村振兴战略为指引，坚持加强乡村精神文明建设，以此达到引导农民树立并践行社会主义核心价值观、建设党在乡村的思想阵地的目的。乡村文化振兴要坚持物质文明和精神文明一起抓，在社会主义核心价值观的引领下，深入挖掘优秀传统农耕文化蕴含的思想观念、人文精神、道德规范，培育挖掘乡土文化人才，弘扬主旋律和社会正气，培育文明乡风、良好家风、淳朴民风，改善农民精神风貌，提高乡村社会文明程度，焕发乡村文明新气象。

【示范案例】

苗绣是中国苗族的一个传统民间刺绣工艺，同时也是中国苗族的传统民俗文化传播地。其中，最为典型的贵州省凯里就是通过挖掘民族传统民俗文化资源，把脱贫当作基础，把教育当作工具，把发展生产当作出发点，把合作社建设当作落脚点，把苗绣这一传统产业做大做强，绣出了一条发展生产、脱贫致富的道路。截至 2019 年底，凯里市政府对其投资已经达到了 400 万元，将针对 17 个村落的数千名绣娘，帮助其实现与时尚及电商的互动，并且每月帮助绣娘们实现了几千元的收入增加。而当前苗绣已走出了大山，成为开发乡村文化产业的巨大动力，已经形成了发扬民族文明、传承传统民俗文化，促进农户就业并增加收入的新亮丽产业。那么从贵州凯里的苗绣发展案例中，能够为乡村文化振兴提供的借鉴经验有哪些？贵州凯里在苗绣文化的基础上又做对了什么？

资料来源：由《中国民族服饰研究》（中国民族博物馆著）、《论苗族刺绣工艺文化的保护、传承与开发》（王孔敏著）、《试论苗族刺绣工艺传承的传承与保护》（罗林著）等材料汇编总结而成。

一是整合资源，带动抱团发展。

在发展的开端，凯里就秉承以"一带一，一带多"的形式实现抱团发展。2015 年制订苗绣扶贫计划，旨在通过发展具有特色的手工企业和建立起专业的合作社，在此基础上带动更多妇女参与其中。其中有一个梅香村，在政府的支持下建立了刺绣合作社，在三年的经营中接到超百万的订单，使苗绣作品不仅畅销国内，还一度远销海外。产业发展起来带动了绣娘的收入，从 3000 元增加到上万元。合作社不断地发展壮大，梅香村也对周边村落产生辐射效应，带动了周边苗寨的发展，并且为当地苗寨妇女提供新的工作岗位，实现农民增收。

二是强化培训，提升自身水平。

苗绣虽然是历史传承下来的文化遗产，但是由于时间久远以及每个村落之间的文化差异，导致苗绣作品存在一定程度的区别。为了改变这种差异，凯里在之前合作社的基础上，开始对绣娘进行工前培训，建立了统一的生产标准，从而提升了苗绣产品的统一性。在培训中，由于部分绣娘文化程度过低，凯里制定出两种语言的培训模式，即方言版和苗语版，通过亲切的培训方式提升绣娘的技术能力。此外，为了提高绣娘的积极性，凯里定时展开晒、比、评等多种赛事模式，促进绣娘技艺的提升，并邀请苗绣大师传授技巧，辅助绣娘工作的开展。产业的发展不能局限于技艺本身，还需要了解市场，为了促进苗绣产业的扩大，凯里邀请相关企业人员为大家讲解市场需求，帮助绣娘走进企业，接受新的工作模式、理念以及苗绣行业的概况。经过不同方式的督促，目前各村落培训处超过 3500名绣娘，高效率地解决了苗绣作品无法实现标准化和市场理念缺乏的问题，拖动苗绣从文化到作品再到商品的转变。

三是交流合作，对接外部资源。

自 2015 年起，凯里市与中国宋庆龄基金会、联合国开发计划署签署了"嘉人妇女快乐基金""指尖上的快乐"等项目，共同推进凯里及邻近区域的苗绣产业发展。受各类合作项目的影响，刺绣师们纷纷离开了大山，离开了凯里，到全国各地的主要城镇去学习，开阔眼界。在此期间，不但提高了绣师的技术水平，也培养了他们自己找订单和生产订单，并逐渐拓展了苗绣商品的销售规模。

四是加大宣传，打造苗绣品牌。

为了扩大苗绣业的发展，扩大苗绣业在国内外的市场影响力，凯里市一直在积极配合，努力营造良好的品牌。与一线明星进行商业宣传，借助名人的影响力来宣传苗绣。另外，中国苗绣慈善展览在巴黎举行，中国苗绣会在上海举行。苗绣又一次与现代都市接触、结缘，并进入了时装、国际化的世界。

通过资源整合、自我提升、对外交流、品牌塑造，苗绣目前已是一种工业的结合，苗绣不仅是一种传统的手艺，也是一种新的经济增长点。

2. 生态振兴

习近平总书记指出，我们既要绿水青山，也要金山银山。宁要绿水青山，不要金山银山，而且绿水青山就是金山银山。这阐明了经济和生态环境之间的关系，因此在乡村振兴的过程中，生态宜居是政府工作的关键。

【示范案例】

位于苏浙接壤的浙江省长兴县煤山镇，有一个叫作新川村的小村庄。该地区多山多泉，合溪水库是当地的主要水源。新川村在中华人民共和国成立之初，是一个物资匮乏、交通不便、原材料与市场毫无关系的贫穷小村，村民靠卖竹子、种地、打工为生。新川村在国家的大力扶持下，在改革开放以后发展了20余个农村企业，其中天能公司就是从这里起步的，它最终成为中国汽车行业的龙头老大。因此，新川村坚定地把"金山银山"这个思想贯彻到了其他公司的头上。

新川村在多年的努力下，先后荣获省级特色精品村、省级 AAA 级景区村、省级引领型农村社区、省级全面小康创建示范村等荣誉称号，村庄面貌焕然一新。新川村正是秉承着"金山银山"的发展思想，大力发展绿色新型能源，在天龙公司的带领下，通过村企合作，实现了一条以"工业兴村、以工促民、村企合作共赢"的新型农村建设模式，实现了"两山"思想的转变。

资料来源：根据《"两山"之路15年（十六）1长兴煤山镇在废弃矿山上建起国家级绿色制造产业园》《长兴煤山"江南小延安"绿色新崛起》等资料总结汇编而成。

乡村生态振兴的内涵要求：坚持绿色发展，加强农村突出环境问题综合治理，扎实实施农村人居环境整治三年行动计划，推进农村"厕所革命"，完善农村生活设施，打造农民安居乐业的美丽家园，让良好生态成为乡村振兴的支撑点。良好的生态环境是乡村的财富，坚持人与自然的和谐共生一直是国家建设遵循的原则之一，保护乡村生态自然，让良好的生态环境成为促进乡村经济提升的新支点。

3. 人才振兴

发展人力资本是人才振兴的第一要务。乡村振兴中的"人才"计划就是要加强农村"振兴"的"人才支持"。现在，农村的优秀人才正源源不断地流入都市，而农村则失去了具有高质量的人力资源。人才的振兴，使那些想留在乡村建设的人们能安居乐业，让那些想上山下乡、回报家乡的人们更有自信，激发各种人才在这片广袤的乡村大地大展拳脚、大显身手，凝聚起一股乡村建设的力量，在乡村形成人才、土地、资金、产业汇聚的良好生态圈。

【示范案例】

新希望集团和北京大学国家发展研究院联合发起的"乡村振兴村长班"，并由永好公益基金会和北大国发院"村长工作坊"共同举办。

首批学员由来自四川、江苏、河南等18个省份的50余位村支书和村委会主任组成，其中有20多岁的大学生书记，也有扎根基层数十年的老支书和欠发达地区的村干部带头人，更有小岗村、战旗村和博岩村这样的先进村领导者，他们都想借着"村长班"把乡村振兴的大文章做好。"乡村振兴村长班"与"村官培训"正好体现了国家人才振兴的内涵。经过数日的培训，将农村基层干部教育成一批有能力的村干部，为今后农村工作的发展打下坚实的基础。

"乡村振兴村长班"符合国家人才振兴的工作要求，带动了一批又一批的领导干部加入学习建设乡村的行列，为国家乡村振兴培养前线的工作人员。这也能够给其他欠发达地区一些人才培养的经验，部分具备资源的乡村地区可仿照如此培训模式，在当地或者与教育资源地合作对当地干部进行理论及实践的教导。

资料来源：根据《新希望-北大国发院乡村振兴"村长班"开班5年培训500位基层带头人》、《乡村振兴白皮书》（全国农村产业联合发展联盟和新希望集团著）、《新希望—北京大学国家发展研究院携手发起首届"村长班"50位乡村带头人走进北大课堂》等资料总结汇编而成。

4. 组织振兴

习近平总书记指出，"基础不牢、地动山摇。农村工作千头万绪，抓好农村基层组织建设是关键。无论农村社会结构如何变化，无论各类经济社会组织如何发育成长，农村基层党组织的领导地位不能动摇，战斗堡垒作用不能削弱"。此外，推动乡村组织振兴，打造千千万万个坚强的农村基层党组织，培养千千万万名优秀的农村基层党组织书记，要建立和完善以党的基层组织为核心、村民自治和村务监督组织为基础、集体经济组织和农民合作组织为纽带、各种经济社会服务组织为补充的农村组织体系，使各类组织各有其位、各司其职，确保乡村社会充满活力、安定有序。

【示范案例】

随着农村发展的深入，一大批"明星村"应运而生。袁家村，就是一个被誉为"神迹"的地方，袁家村，在中国的农村建设和旅游业中，都有很好的示范作用，值得每个人认真地学习。

从"空心村"到"网红村"的转变，袁家村受到了社会的普遍重视和强烈的反应，并在国内造成了巨大的冲击。原本袁家村还不算太大，总共62户286人，如今袁家村又吞并了好几个村庄，规模也越来越大。据初步的统计，聚集在袁家村的创业主体和投资主体大概有1500多人，为约两万名农民提供了新的发展机会，袁家村的旅游业也带来了更多的收益。

袁家村的游客数量在700万以上，其他以村庄作为核心景点的村子游客数量远远比不上袁家村，在国内很多大景点的游客数量想要突破300万以上都非常不容易。2019~2020年，袁家村的收入约为5亿元，其中大部分都来自袁家村集体收入、合作社收入和外来投资者收入，每天的收入都要计入袁家村财务的流水中，一年的收入大约为3.8亿元。

袁家村是一个以村委会、村支部为核心的旅游景点，袁家村的村民是最大的受益者，2019年和2020年，每个人的平均收入都达到了10万元以上，这样的数字，在中国的乡村地区已经是很不错的成绩。身处陕西这样一个文化积淀丰厚的地方，袁家村却选择了一条与众不同的道路，放弃了皇陵景点，而是选择了接地气、烟火气，从一个关中的小山村，发展成为"中国十大美丽乡村"。

袁家村的案例给我国乡村振兴组织工作提供了成功的经验，乡村地区在各种条件的限制下，发展总是难以推进。从村组织入手团结整个集体不失为一种好办法，即将村委会、村支部动员起来，为整个乡村定制合适的发展路径，提升村子的整体性、统一性。

资料来源：根据《乡村发展案例——袁家村》（中经汇成（北京）城乡规划设计院著）、《陕西省乡村旅游者空间行为研究——以袁家村为例》（张运洋著）、《旅游乡村治理演变机理及模式研究》（马芸著）等，以及《袁家村：成功背后的隐忧》《从无到有，解读不可复制的袁家村模式》等资料汇编总结而成。

5. 产业振兴

关于乡村产业扶贫，我国在这方面进行了长期的探索，从计划经济时期崭露头角的社会企业，到 20 世纪 80 年代异军突起的乡镇企业，再到 20 世纪 90 年代快速发展的农业产业化经营，这些探索和实践在特定历史阶段都发挥了重要的作用，为国民经济和社会的快速发展做出了历史性的贡献。近年来，随着城乡一体化进程的加快推进，强农惠农政策力度不断加大，农村基础设施和公共服务逐步改善，大众消费需求提档升级，乡村产业发展又焕发了新的生机活力。农业的基础性地位得到进一步巩固，重要农产品供应充足、农业劳动生产率年均增幅超过 10%。各类农村新产业新业态呈现方兴未艾之势。

产业扶贫是党和政府带领中国广大农民摆脱贫穷改善农村生活的首选的扶贫方法，"十三五"以来，在政府的主导下，我国产业扶贫投入资金增大，产业扶贫政策体系逐步完善并取得了喜人的成效。但是在政府主导之下，市场这只"看不见的手"无法有效地参与乡村产业的发展，产业扶贫虽然为乡村积累了宝贵的市场基础，但是短、平、快的特点导致乡村产业出现了模式单一、生命周期短的问题，这与乡村振兴战略中对产业振兴的期望：绿色安全、优质高效、可持续性强、为农民持续增收的目的相悖。因此，产业扶贫已然不适合时代的需求，产业振兴应运而生。随之乡村振兴战略的推进，产业振兴已经位列政府工作之首，是乡村振兴的基础，在推动乡村发展的道路上起着至关重要的作用。

产业振兴可以从多个层面理解：首先，产业振兴需要确保乡村第一产业兴旺，以此保障国家粮食安全，为国家发展提供坚实的物质基础；其次，除去第一产业，乡村产业振兴还要关注第二、第三产业，优化升级产业链，融会贯通现代服务业、旅游业等第三产业资源，实现粮食安全与生活质量的同步发展才能达到"产业兴旺"的目的。

（1）乡村产业发展现状及问题。

根据国家颁布的《全国乡村产业发展规划（2020—2025 年）》可以看出，党的十八大以来，在党和政府的努力之下，乡村各方面环境都得到了极大的改善。乡村振兴战略的推进促使乡村产业快速发展，促进了农民就业增收和乡村繁荣发展。乡村发展势头良好，主要表现在以下几个方面：

1）现代农业加快推进。粮食安全是国家发展现代农业的首要任务，确保粮食安全促进农业向现代化、绿色低碳发展，为国家提供坚实的物质资源。在中共中央、国务院印发的《中共中央 国务院关于实施乡村振兴战略的意见》和《国家乡村振兴战略规划（2018—2022年）》等文件中，反映出近些年我国在保质保量完成粮食生产的过程中，推进绿色农业，降低化肥、农药等污染物的使用率，秸秆等各种资源利用率都超过60%，农业科技贡献率已达58.3%。通过农业供给侧结构性改革，当下中国农业正向着信息化、绿色化、可持续性方向发展。

2）乡村产业形态不断丰富。传统农业优化升级，依托当地乡村资源的特色农业应运而生，报告指出"特色产业快速发展，形成一批特色鲜明的小宗类、多样化乡土产业，创响特色品牌约10万余个，认定'一村一品'示范村镇2400个。农产品加工深入推进，引导加工产能向粮食等主产区布局，促进就地加工转化"。

3）三产融合稳中前行。随着三产融合政策的推进，乡村产业呈现出深度交叉融合的趋势。融合主体、融合形态以及融合载体不断涌现且投入实践产生巨大的效益。

4）掀起乡村返乡创业热潮。各级政府不断出台返乡创业等相关福利政策，从而吸引大批有志、有学识的青年、退役军人返乡创新创业。人才的加持，使得乡村产业不断转型升级、融合发展。

同时乡村产业还面临许多问题：

1）发展质量效益不高。科技创新能力不强造成农产品加工创新能力不足。优质产品供给不足、产业集聚效应偏低、主打文化附加值的文旅休闲服务业同质化严重。

2）产业要素活力不足。资金、人才、土地资源等保障不到位。金融服务尚未深度触达产业，乡村产业缺乏持续发展的资金链条。人才流失问题尚未彻底解决，产业缺失人才活力。

3）产业链条仍然较短。"一产向后延伸不充分，多以供应原料为主，从产地到餐桌的链条不健全。二产连两头不紧密，农产品精深加工不足。三产发育不足，农村生产生活服务能力不强。"

（2）乡村产业高质量转型的路径。

面对党和政府对乡村提出的新要求，立足于产业扶贫的成果，从产业扶贫走向产业兴旺是当下乡村产业振兴新的任务，产业扶贫和产业振兴的衔接是脱贫攻坚成果同乡村振兴有效衔接的核心和关键，也是解决和缓解农村相对贫困的重要环节，而从本质上讲是要将乡村产业推向高质量发展，并存在以下两种路径：

推动乡村产业的高质量发展，立足于原有的生产规模，通过产业融合，推动农业全产业链优化升级，是提高农业质量效益和竞争力的潜力所在。从初级农业延伸发展为产品精深加工一体化的产业链；优化农业产业结构，大力发展绿色低碳农业，实现"生态宜居"的目标；或者走产业融合之路，推动第一、第二、第三产业融合，从现有的农业资源中摘出合适的自然资源带动乡村旅游、度假等第三产业的发展。根据国家统计局数据核算，2020 年全国农业及相关产业增加值构成中，第二、第三产业增加值分别为 48606 亿元和 40263 亿元，合计占到 53.2%。该数据反映出的是农业全产业链建设新格局正在加快形成。中国农业科学院农产品加工研究所所长王凤忠指出，2020 年我国农产品加工业营业收入超过 23.2 万亿元，较上年增加 1.2 万亿元，农产品加工转化率达到 67.5%，当前科技对农产品加工业发展的贡献率已达到 63%。传统农村产业加快优化升级、新产业新业态加速培育壮大，大大激发了农业农村经济发展活力，改善了乡村产业发展的内外部环境，为农业农村现代化发展提供了持续稳定的新动能。

除了走三产融合之路，乡村产业建设还要关注"特色"，基于地域特色树立一定的品牌优势。乡村振兴战略的提出，促使乡村产业的转型升级，各地因地制宜，根据当地特色资源建起全新的产业链，实现了农业在新环境下的升级改造，形成了别具一格的特色农产品产业。一方水土养一方人，不同地区拥有不同的风土人情、自然资源，在乡村产业优化升级的过程中，注重挖掘当地文化、物质资源，结合具备优势的种植业、养殖业以及市场实际情况，打造出从农产品生产到精加工的成品产业链，并赋予当地农产品文化附加值，促进农民增收。通过差异化提升当地产业的竞争力，以"特色需求"做抓手，本质上就是要求地方政府关注当地特色农业的转型升级，从而打造当地的特色品牌。借助以上两种路径，对地方农业进行考察实践，从而推动当地乡村产业向高质量方向的发展，实现产业兴旺。

【示范案例】

关于产业振兴的示范案例，有机黄花产业名扬四海。习近平总书记曾到山西大同，在视察云州区有机黄花标准化种植基地时，也曾叮嘱当地的乡亲要把黄花产业保护好、发展好，做成大产业。而山西大同正是围绕一朵小黄花，打出一套产业组合拳，让小黄花释放出巨大的产业能量、价值能量和品牌能量，小黄花产业也正在成为大同地区推动产业振兴和高质量发展的新动能。

黄花在广东被视为老广靓汤里的上等食材。在福建沿海，因为耐储存，大同黄花已成了海上渔夫们的第一选择。"一村一品一主体"建设是云州区黄花产业扶贫的重点，并且坚持以扶持培育合作社、龙头企业、能人大户、家庭农场等新型经营主体为着力点，经过土地确权之后，贫困户既可以用土地、补贴资金等要素入股合作社，由合作社统一经营、参与分红，也可以自己联系实现流转土地、引进企业经营，以此获取薪金、租金、股金"三金"，通过以上政策，云州区推动当地农户实现了资源变资产、资金变股金、农民变股东。

在销售上，大同黄花线上线下齐头并进。首先，线上借助第三方电商平台开展网络销售、直播带货、微商带货；其次，线下入驻各大商超设立黄花销售专柜，并进入北京、天津、上海等城市建立大同黄花的直营店。

关于产品的领域，大同黄花企业倾注巨大人力、物力建立技术标准，为黄花菜的产品提出要求，使黄花品质提高、产品更加多样化。如今，为了达到农产品转型发展的目标，大同黄花植物业的发展如今已然是走上了快车道，无论是个人还是经营户们都要掌握最新前沿的科技与方法，让一株小黄花彻底地变成了大文章。不过，集群化发展中尚有不少的制约因素，例如受限于季节，大黄花菜的采摘与加工高峰期通常都是在7月20日前后，由于集中采摘造成了人才短缺，而劳动力成本也太高，初期机械利用率低下等问题，对企业的投入效益造成了很大的负面作用。如果能够把时间限制在5~9月，那么就可以减轻由采购和物流等初生产所造成的挤兑式冲击。所以，培植出错季开花结果的系列新品种，是整个行业发展的关键技术问题。

　　大同市发展黄花产业的重要途径，就是继续延长其行业链条、走上精深机械加工道路，而扩大种植面积提高产量则是发展壮大支柱产业最基本的措施。截至目前，大同市黄花种植面积已达 26 万亩，亩均收益 5000 多元。而大同市黄花商品流入国际市场的主要有两个渠道：一个是以干黄花菜方式直接流入中国各地的商品批发市场；另一个是通过进行精深加工后，做成黄花产品，然后流入世界各地的商超酒店。大同市黄花工业发展促进会履行理事长杨近源说："黄花仅是初级阶段商品，拿麻袋卖一定是不行的，那它始终体现不了自身的价值，这几年黄花的最好价格卖到近 26 元/斤，近一两年加工技术发展飞快，由于加工产品类型多了，黄花饼、黄花酱菜、黄花咸菜、面膜等系列的商品相继推出。就拿已经加工的黄花酱菜来讲，其生产总值比黄花早期商品能提高 5~6 倍。"延长产业链发展，着重在产品多元化上化解大产能、研制出高附加值的新商品，这已经成为大同市黄花加工企业的共识。

　　山西冰华食品技术有限公司与山西功能性研究所在 2019 年 6 月正式联合，正式颁布了国内生产的无忧露、状元饼，并获得了国家专利。另外，恒宗黄花忘忧茶也是省内制瓶型的代表品牌；民之源与山西中医学院合作研制了一种黄花复合饮品，该产品含有丰富的自然汁液。大同市在发展黄花产业的同时，大力延伸其产业链条，目前已经有 30 余家骨干企业，研发了 9 大类 120 余个特色品种。

　　截至目前，大同市共培育出黄花植物生产加工及运营主体 175 家，其中民营企业 34 家、农业合作社 141 家，为形成一个集种养、加工、研发、销售、服务产业融合为一身的黄花植物产业聚集区，大同市政府坚持项目为王，不断完善黄花产品的预冷仓、晒干场地、继续利用设备等基础设施建设。大同市坊城新邨黄花植物工业园建设项目将从 2019 年 6 月开始启动建设，共投入资金 1.19 亿元，总面积为 605.73 亩，建筑面积将达 24000 平方米。目前，5个黄花植物品种的生产公司均已进驻并交付使用，电子交易中心等也已经准备就绪。另外，还有一批国家重点建设项目，如宜发的同诚中央厨房建设项目，以及大同冰华菊花的加工中预生产型项目等。2020 年，大同黄花产业链的年产值超过 20 亿元，黄花产业的规模已基本成型，目前大同市云州区的黄花国际现代农业园区也正在申报之中。比如，在计划于 2020 年建设的坊城产业园，将集采购、生产、制造、配送、电子物流、文化旅游观光为一体。该园由三利集团经营管理，吸引了本市的 7 家黄花工厂，项目建设基本完成，双方统一标准、统一产品、统一营销，抱团生产、抱团营销。黄花的深度加工，是大同黄花工业实现由资源转移向优势集中的关键环节。

黄花菜在大同作为一个有着深厚文化底蕴的农产品，结合大同特殊的地理区位特点，实行黄花产业集群建设，让各产业要素得以汇聚。

资料来源：根据《一朵"小黄花"留住村里年轻人——沿着总书记的足迹之山西篇》、《让小黄花成为乡亲们的"致富花"》（乔栋著）、《温暖的回响：让致富花开得更艳——大同市云州区有机黄花标准化种植基地生机盎然》等资料汇编总结而成。

第十五章　特色农业电子商务融合的示范作用

推动农村产业向高质量发展有两条路径：一是对产业链、产业结构的优化升级，打造绿色低碳可持续发展的生产力；二是要求当地政府关注地域特色，挖掘属于当地独特的物质或者文化资源，树立当地特色品牌，打造农业品牌形象。而打造地域品牌，特色农产品产业起着至关重要的作用。

第一节　相关概念阐述

1. 特色农业

学界关于特色农业内涵的界定多种多样，目前尚未存有一种被研究者公认的理论。部分学者认为，特色农业首先要突出的是产品的"特"，充分发挥当地乡村的区域资源优势，依托技术形成一定的产业化规模，走农业的可持续发展道路。也有学者认为，特色农业需要依托当地独特的优越条件进行劳动生产活动，是一种开发具有高附加值产品的产业。最后一种常见看法是：特色农业就是基于区域优势，挖掘当地特色农产品的产业。

依照前文的观点，笔者认为特色农业是基于乡村区域优势，充分挖掘自然资源，给予农产品高附加值的产业。在形成一定的规模后，当地特色农业则可实现产业集群，打造独特的区域农业品牌。

对于特色农业，我们需要注意以下几点：首先，特色农业源于市场经济，是被市场挖掘出来的，农产品需要进入市场销售，赋予"特色"只是其进入市场的手段，实际是为了提升竞争力。其次，特色农产品源于区域优势，是在特色资源基础上被赋予的形象，发展特色农业的基础是挖掘区域优势，此优势可能是有形的物质资源也有可能是无形的文化价值。最后，特色农业的发展必须且离不开科技的支持，在现代科技的加持下，特色农业定是具备强大生命力实现了可持续性发展的状态。

特色农业也可以细分为多种类型，常见的特色农业有以下几种：

（1）彩色农业：指种植了多彩的农产品，如花卉的彩色农作；同一农产品的各种色彩，如彩色科顿，以及各种彩色覆膜的农业类型。

（2）立体农业：地势起伏的高海拔山地、高原地区，农、林、牧业等随自然条件的垂直地带分异，按一定规律由低到高相应呈现多层性、多级利用的垂直变化和立体生产布局特点的一种农业。如中国东南丘陵地区、四川西部和青藏高原等地的立体农业均比较突出。这里种植业一般多分布于谷底和谷坡，山地为天然林，间有草地，林线之上为天然草场，具有规律性显著、层次分明的特点。

（3）观光农业：观光农业的核心在于农业，通过引入旅游功能，实现农业与旅游的功能性渗透和延伸，两者的结合既实现了农业的发展，同时也为人们的精神享受提供一种新型的途径与方式。

（4）互联网农业：是指将互联网技术与农业生产、加工、销售等产业链环节相结合，实现农业发展科技化、智能化、信息化的农业发展方式。本质是"互联网+农业"。从种植、养殖到销售都引进互联网。像"云种养"这种农技问答网受到了广大农民朋友的喜爱，农民朋友有什么问题只需用手机登录云种养，就能将问题对接几万名专家，快速获得专业的解答，同时它又有自己的农友圈，农民朋友还可以分享经验，学到更多的农业知识。

（5）垂直农业：也叫垂直农耕，是科学家为了研究未来农业发展面临的人口压力及资源匮乏问题所提出的一个新概念，主要任务在于解决资源与空间的充分利用，在于单位面积产量的最大化发挥，所形成的一种农业耕作方式。垂直农业在拥有健全环境控制系统的室内种植粮食作物有如下优势：提高水肥利用率；在食物消费地种植食物，节省了从外地运输所需的燃料；在室内种植对地点、气温、湿度、土壤成分等作物生长所需基本要素的选择具有灵活性；不必担心遭遇恶劣的气候条件，如干旱、洪水、疫情等。是一种获取食物、处理废弃物的新途径。

对于特色农业的打造，安徽省合肥市一个村落群的发展为广大乡村地区做出了榜样示范。在充分挖掘当地特色资源的基础上，当地采用"农业+互联网"的模式，将农业与电商、文旅相结合打造出几个具有特色的电商文旅乡村产业。

【示范案例】 电商特色产业振兴之路

"三瓜公社"是"互联网特色工业"的典型，探索出"农旅、商旅、文旅""三旅"结合的休闲农业与美丽乡村建设新模式。它位于安徽省合肥市巢湖市，根据一、二、三产业侧重的不同，三瓜公社开发商将致力打造"南瓜电商村、冬瓜民俗村、西瓜美食村"三个特色村落，为乡村开辟出新的发展道路。

南瓜电商村：定位为电商村、农特产品大村、互联网示范村，目前已经入驻的电商企业包括自有的"三瓜公社"官方旗舰店、天猫官方旗舰店、京东、甲骨文等，还吸引了微创全国联盟、创客空间，以及大量文创基地、乡村酒吧和特产销售门店入驻。

冬瓜民俗村：主要产业为半汤 6000 年民俗馆、古巢国遗址、手工作坊群。力图挖掘还原巢湖地区 6000 年的农耕民俗文化，先后建设半汤 6000 年民俗馆、有巢印象、冬瓜传统手工艺坊，引入客栈、民宿、温泉养生、旅游度假等乡村旅游服务业，打造以体验半汤地方传统农耕民俗文化为特色的村庄发展模式。

西瓜美食村：主要产业为 80 户风情民居民宿、60 家特色农家乐、10 处心动客栈酒店。与经典温泉品牌汤山共同组建汤山旅游公司，通过村集体入股和持股，共同开发温泉康养民宿，拓展村集体经济路径。

在经过一系列分析定位后，当地政府与企业强强联合，对三个村落定制了"冬瓜民俗村""西瓜美食村"和"南瓜电商村"三大主题，重新对居民进行培训定位设计，成功建立起"线下实地体验、线上平台销售，企业示范引领、农户全面参与，基地种植、景点示范"的产业发展模式，并逐渐涉及民俗、文化、旅游、餐饮、休闲等多个领域，实现了现代农特产品的生产、开发、线上线下交易、物流等环节的综合发展，走出一条新时代背景下的"互联网+三农"之路。

与此同时，三瓜公社主张"电商"和"旅游"协同发展，以农旅为主，引领电商小镇品牌化建设，并以电子商务为抓手，依托南瓜电商村，搭建出线上线下店铺，通过创客中心吸引年轻人入乡加入电子商务就业创业平台，引入了专业人才从而激活乡村市场，盘活乡村资源，为农业注入新的生命。

"三瓜公社"通过互联网的作用，为农业注入了电商的气息，打造出线上线下结合的农业销售渠道，在发展农业的同时，借助场景化、主题化的打造，创造出特色农业小镇，拉动文旅发展。一个产业扩大的同时，又不断吸引新的资源进入，继续扩大产业版图，从而将农业、文旅、电商黏合在一起，将效益最大化。

资料来源：根据《三瓜公社电商小镇——城乡融合发展的新支点》《"互联网+"背景下乡村旅游可持续发展路径探析——以安徽农旅小镇三瓜公社为例》《企业科技与发展》《产业融合视角下三瓜公社乡村旅游发展的实践路径研究》等资料汇编总结而成。

2. 农产品区域品牌

在谈区域品牌之前，需要明白什么是品牌？关于品牌，被公众所接受的定义无非是"一个有差异化的符号或者名称"，是为了与竞争对手产生区别而设定的。但是随着互联网的发展，人类生活被科技改变了，正如保罗·莱文森指出的，"媒介是人体的延伸"，人类借助媒介让感官穿越时空抵达更远的地方，但是当时空距离不足以被克服时，产品的销售就受到了阻碍。此时，品牌的力量就显现了出来，因此，品牌不仅是一个符号，还是一种意义，更是一种无形的经济资产，好的品牌能够获得用户无限的信任与理解，从而实现一次次的转化。

当品牌的概念加上前缀变成"区域品牌"，它就获得了一定的限制。因此区域品牌是基于特殊地域或者资源形成的产品品牌。关于农产品区域品牌，学界认为它是拥有独特的自然资源、种植方式和特殊工艺的产品，在区域内政府机构、行业中介组织或农产品龙头企业等建设主体有序运营与管理下形成的具有鲜明区域特征的品牌集合。

第二节　发展特色农业的连锁效应

1. 农产品生产：生产链得到转型升级

1958 年赫希曼在《经济发展战略》中论述了产业链的概念，指出农业产品产业链是指农产品从原料、加工、生产到销售等各个环节的关联。一直有"中国小麦看河南，河南小麦看新乡"的说法，延津县作为全国唯一的中国优质小麦产业化示范县，在小麦种植经营模式上不断探索，被誉为小麦种植的"延津模式"。延津县通过扶持龙头企业，以小麦为出发点，建成了"小麦—面粉—面条—速冻食品"以及"白酒—包装—印刷—物流"两条全新产业链，实现了传统农业的优化升级，拓展了一条从种子到餐桌的全产业链发展道路。

2. 农产品走出去：销量增长，农民增收

特色农产品是颇具当地优势的农业产品，在依靠得天独厚的地域优势中种植销售，实践表明，通过龙头企业的带动作用，在开发中不断挖掘特色产品，才能推动农业增收、农民致富。河南三门峡市灵宝苹果的名声享誉中外，以色鲜味甜为特色，是河南省著名的特色水果。灵宝苹果的诞生带动了一系列产业的发展，在全市建立起多个加工企业、水果交易市场，产业化集群总产值高达 207 亿元，成为助力农民增收致富的大产业。

3. 特色产业：形成产业集群，促进产业融合

2022 年农业农村部发布《2022 年农业产业融合发展项目创建名单公示公告》，公告中发布了 2022 年优势特色产业集群建设名单，其中江苏省小龙虾产业榜上有名。以盱眙龙虾为代表的江苏小龙虾产业，如今已经覆盖全国各地，对外出口到十几个国家，而盱眙龙虾也以品牌价值 215.51 亿元连续 6 年位居全国水产类区域公用品牌价值榜的第一名。以特色产业为基础，吸引同类产业聚集，并以龙头企业发挥带动作用和示范效应，促使当地形成规模化的产业集群和以龙头企业为中心的产业化链条，助力提升区域内农业竞争力。

2017 年中央一号文件首次提出"田园综合体"理念,文件指出,"支持有条件的乡村建设以农民合作社为主要载体、让农民充分参与和受益,集循环农业、创意农业、农事体验于一体的田园综合体"。

从田园综合体的概念不难看出,它不仅与农业特色小镇天然契合,而且有许多共同之处。首先,两者皆以乡村振兴为目标。田园综合体是以乡村复兴和再造为目标,贯彻实施城乡融合的举措,进而促进市民下乡与农民结合,以此能够为乡村注入新活力,建造出城乡共享的新空间。而农业特色小镇则主要依靠农村自然宜居的特色生态资源,以形成带有鲜明的农业产业定位、农产品文化特色,以及一定社会价值的整体发展目标。是城乡一体、农旅双链、区域融合发展的农旅综合体,更是实现产城乡一体化的新型城镇化。其次,两者皆以产业为核心。田园综合体主要围绕现代农业的多功能性,强调要把过去工业化时代的农业一产化的思维转换成生态文明时代的农业三产化思维。农业特色小镇则依赖农业特色产业和特色环境因素,打造具有明确的农业产业定位、农业文化内涵、农业旅游特征和一定社区功能的综合开发项目。最后,两者皆以生态净化为原则。田园综合体坚持人与自然的和谐共生,农业与生态环境的密切交织。特色小镇则是创业创新生态系统,是新型工业化、城镇化、信息化和绿色化融合发展的新形式。

以田园综合体为理念打造的特色小镇具有超前的市场定位和广阔的发展空间。未来乡村的价值将不再是一个单一的农业生产载体,而且承载着逆城市化问题解决的任务。以田园综合体为方向的农业特色小镇正是基于这样的市场需求而探索的城乡一体化发展模式。这种模式通过推动第一、第二、第三产业深度融合发展,使乡村由单一功能向复合功能转变,在乡村建设居住和产业相结合的共生体。

特色小镇依托城市母体,农业往往具备相应的行业优势与特点。而事实上,农业也完全能够形成中国独特小城镇的行业特征。对于某些农产品资源禀赋优越,甚至周边本来就有地方标志性产品的地方来说,可发展成附加值较高的农业产业集团,从而形成一大特色品牌,以促进农产品加工。

4. 地域形象:建成特色品牌,树立良好形象

品牌是市场营销的"通行证",是占据市场份额的"武器"。中国地大物博,

物质资源丰富，面对竞争激烈的农产品市场，打造特色农产品品牌无疑是一种提升竞争力的捷径。消费者面对琳琅满目的农产品，独特的品牌是占领用户心智、获取信任的好办法。可见，开发特色农产品，打造当地特色农业，建立起区域农产品品牌，是提高特色农产品市场竞争力和产品附加值的关键路径。

第十六章　实时竞价广告对特色农产品发展的助推作用

前文对乡村产业进行了简单的实证分析，找出了产业振兴的两条路径，并对其中走特色农业发展道路进行了详细的探究发现：品牌对于提升农产品竞争力的效益。面对新时代下的大环境，传统单一的农业发展道路已经被淘汰，而粗犷的农业形象也不再适应新兴产业。而在大数据时代的催化下，实时竞价技术投入广告业运转，为中国广告业创造了一个又一个的奇迹，那么实时竞价技术在农业发展中又可以起到什么样的作用？又该如何利用它建构特色农产品的品牌形象？

第一节　相关概念阐述

1. 实时竞价广告（RTB 广告）

实时竞价广告作为大数据时代产生的新的广告形式，颠覆了传统广告投放的线性流程，通过广告交易平台将买家与卖家、广告主与媒体聚合在一起，在大数据分析技术的支撑下，对目标用户信息进行综合分析，促使广告主结合自身实际情况在不到 50 毫秒内完成对广告展示出价，价高者获得展示机会，从而获取到用户关注实现转化。

RTB 竞价从用户进入网站或 App 那一刻开始，网站就会及时通知广告交易平台发起竞价服务，并告知需求方用户的 IP 和广告位信息，需求方开启竞价引擎，收到竞价信息后，进行分析并反馈给交易平台，进而提供给客户，这个看似复杂的竞价流程在实际应用中耗费时间不过百毫秒，这依托于强大的算法引擎支撑，从而在用户抵达的较短时间内实现广告位的展示（见图16-1）。

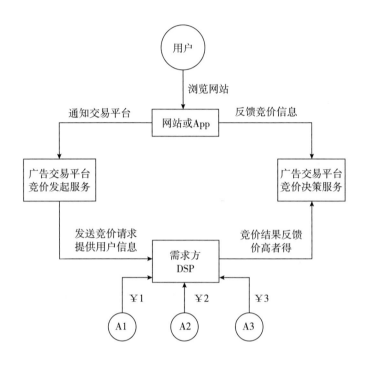

图16-1 RTB竞价流程

资料来源：根据蒋洛丹．大数据时代的广告与营销嬗变之路［M］．北京：经济管理出版社，2019. 相关资料汇编而成。

RTB广告之所以能够替广告主节约大笔成本，实现精准营销，离不开RTB广告的两大功能：精准定位用户和跨屏展示功能。

首先，精准定位用户。广告商能够访问高级市场和大量广泛的站点目标名单，通过使用智能定位和定价降低成本，效果最大化无须手动优化即可利用动态定位参数获得最有价值的展示。同时这种模式使得发行商能够通过竞争激烈的竞价流程和大量的需求来源为他们的目标名单带来更多价值，通过向用户提供相关优惠让广告更加人性化，通过广泛定位的活动更有效地将剩余目标清单转化。

借助 RTB 实时竞价广告模式实现农产品精准销售，根据该模式的运行规则，套入农产品销售运行：DSP 公司在农产品销售网站上追踪到用户在广告主网站上的行为，也可以通过第三方得知用户行为，从而获取用户意向行为。在前期收集信息的基础上，利用大数据技术推算用户对农产品广告产生转化的概率，划分用户并成组。将目标用户的情况传递给广告交易平台，当用户来到农产品网站活动时，广告交易平台告知 DSP，并对目标投放用户设定基础价格，并依据多方面因素决定这次农产品广告展示的机会以及最终出价。竞价胜出，广告得到展示，实现用户转化。

其次，跨屏展示功能。跨屏是依托于账号绑定、UserID 匹配、分析用户数据等技术手段，实现 PC 端与移动端之间的跨平台同步。跨屏营销借助多种媒体渠道向用户投放个性化广告，与用户之间形成互动从而达到市场营销的目的。

2. 特色农产品的含义

特色农产品是指在传统农业发展过程中，受地理环境、市场变化、技术等因素影响而形成的具有独特物质条件、重要地方特色、特定产品质量和特定消费市场的农产品。与一般农产品相比，特色农产品具有明显的外观和质量优势，具有地方特色、品质优良、效果显著。农产品可以利用本地区的自然条件，种植其他地区无法大规模种植的农产品，可以集中在农作物的规模化种植、农业和通过当地资产获得比较收益。环境、技术和政策，再扩大机会由于该农产品种植量大，更适合其他地区的农产品。

具体农产品特点：①品种繁多；②活跃地区，每个地区都有自己的农产品；③销售渠道服务应用最多；④生产领域与消费程度的冲突，使其销售方式更加困难；⑤受环境因素影响，不适宜生产，收成不好，供需矛盾。

第二节　特色农产品的优势

特色农产品的优势：一是产品功能，由于地理和气候条件，其他地区出现同类产品所没有的特性；二是技术方面，制造技术和工艺的结合将产生其他产品所没有的功能；三是营销趋势，它可以是现有的销售方式，也可以是新的销售方式，其特点必须体现在产品市场上；四是售后特色，产品售出后，产品的质量得到确认，因此产品在人们心中就会有独特的外观。

在互联网高速发展的背景下，农产品具有很强的市场化能力。一是配送环节少，成本低。传统的农产品销售方式是"生产、批发、流通、营销、销售"。在互联网时代，时尚农产品的销售和互联网技术让消费者能够快速获取时尚农产品的详细信息，缩短贸易交易时间，节省采购成本，提高生产力。二是广告投放速度快，销售时间短，在"互联网+"背景下，信息传播速度快，营销方式不同。其中，网络市场是未来农产品发展的重要途径。三是直销，广告成本低。随着移动互联网和电子商务的发展，为人们创造了便捷的沟通和网络营销渠道。信息技术根据这些数据创建用户模型，并在正确的时间和地点将农产品推荐给消费者。此外，大数据直销有利于节省推广成本，保证投资回报。四是品牌战略更容易理解。在"互联网+"的背景下，将通过录像或直播等方式，在互联网上快速传播农产品品牌信息，推进品牌战略。在互联网上，农民可以快速查看农产品信息，同时在网络平台上发布自己的农产品信息，让农产品销售不受时间、地点的限制。确保农产品市场发展的透明度和准确性。同时，在网络平台上，农民还可以实时捕捉消费者的需求，根据市场需求生产农产品，从而减少投资机会和生产成本，提高资源利用效率。

第三节　实时竞价广告中特色农产品的发展

在百度搜索做特定农产品的竞价排名推广；充分利用微博、微信、抖音、快手等社交媒体平台做好农产品品牌宣传；举办或赞助相关活动提升品牌推广速度，特别是热门的相关综艺活动，甚至邀请制作团队，到原产地录制节目，邀请头部主播，在欢乐的气氛中，大家把滞销的水果和果干都卖完了，帮果农们解决了一个大难题。

1. 建设完整的品牌形象

品牌推广是从设计到营销向客户分享品牌信息的过程，通过加深客户对品牌的理解，可以塑造产品的社会形象，对品牌的地位产生影响。随着乡村振兴战略的不断推进，具有象征意义的农村农产品生产越来越普及，农民的意识也越来越深入。地方政府，塑造我国农村农产品的标志性形象已经走上舞台。在农产品品牌推广过程中，可以积极利用广告效益，加大农产品品牌的宣传力度，提高地方农产品品牌化的社会地位，促进农村农产品的经济发展。借助文化管控，增加农产品品牌识别度。由于社会市场经济的快速发展，人们开始注重精神财富。尤其是在社会经济文化发展、地方文化多样性交叠的背景下，这样的产品和地方文化特色将更加受到消费者的追捧。因此，企业在推进农产品品牌化的过程中，不仅要注重农产品的品质，还要注重挖掘农产品的精神文化价值。让消费者从对文化品牌农产品的分析中了解其精神特征的应用。因此，农业生产企业在农产品社会化推广中应注重利用当地文化资源。

2. 提升自身品牌影响力

随着互联网的出现，越来越多的公司将社交媒体作为主要的信息媒介。在报道的影响下，农产品企业不仅会了解农产品报告的快速步伐，而且有助于扩大农产品的销售渠道。可以通过微博、微信和互联网向全球推广农产品信息，增加农产品的社会创新，提高品牌知名度；可以开一个企业微信公众号，了解企业业务活动的投放情况、产品品牌及相关产品发货信息。为了加深人们对不同类型农产品的了解，可以在搜索页面添加农产品广告或在影视中放置农产品标签，利用影视效果。如一部说明现代媒体广告效果的戏剧。

聘请一流的设计机构，结合当地风土人情和产品特色，点击自己的品牌 Logo，设计具有当地特色和文化底蕴的农产品标签，打造独特的品牌形象。建设完成后将进行商标注册和著作权登记，商标财产将被自动保护。例如，浙江省丽水市创制的农产品"丽水山农"的区域标识代表了东方农法"农耕"、丽水名山、"丽水"和"丽水山"的地理农业。作为品牌口号，丽水山耕从丽水独特的农业条件出发，回归中国思想的源头，提倡保存生产优质农产品和分销原始产品的有机农业方法。丽水客户有机食品，提供享受真实和原始生活的机会和体验，例如象征性的座右铭"享受自然的法则和完整性"也不仅仅是一种文化认同，它满足了传统农业环境中对安全性和可持续性的市场需求。

利用电视、报纸、广播、互联网等媒体，打造农产品品牌立体广告网络；保持独立的地方农产品展示，促进与其他地方农产品的包装促销，并采取适当的方式提高品牌知名度和美誉度，努力打造农产品品牌形象。

第四节 实时竞价广告对特色农产品的意义

1. 实时竞价广告自身具有优势

实时竞价广告对特色农产品的发展具有助推作用。首先，它不受时间和空间限制。新媒体平台相较于传统大众媒体平台，在农产品市场营销之中最显著的变化就是突破了时间和空间的限制。一是传统的大众媒体，如报纸、电视等，只能在固定的时间或者固定的地点进行营销宣传。而新媒体平台是基于互联网技术的，用户可以利用 PC 端、平板电脑、手机等终端，随时进入相关平台查看与农产品相关的各种信息。二是在一些农产品的销售与宣传中，传统大众媒体由于受时空因素影响较大，容易导致农产品买卖双方的信息传递速度不一致，引起信息不对称。通过新媒体平台，消费者可以根据个人喜好选择即时获取农产品生产者和销售者发布的相关信息，时效性远远优于传统大众媒体平台。

其次，有效降低农产品市场营销成本。新媒体不仅使企业宣传品牌的方式多元化，而且更好地降低了营销的成本。多数企业通过建一个官方网站，定期或不定期地发布企业动态和产品信息，但效果往往并不理想。农产品生产者利用传统大众媒体进行农产品市场营销的费用过于高昂，导致不少农产品生产者出于成本考虑而望而却步。而新媒体提供了更多免费的开放平台，并提供大量共享资源，再加上宣传成本低且可传播的信息量大，因而可以帮助农业生产者进一步控制用于农产品宣传方面的成本。尤其是对于一些新媒体平台而言，其媒体信息的制作与发布可以完全由个人决定，因此可以在农产品市场营销方案制作上起到更大限度地缩减开支的作用。

最后，入门门槛较低。传统的大众媒体不但需要更高的宣传成本，同时还有着较高的入门门槛。由于当前大部分农民的受教育水平仍然不高，传统大众传媒过高的门槛限制了农民通过其销售农产品的热情。

2. 实时竞价广告提升了特色农产品的销量

新媒体平台的入门门槛较低，用户只需掌握最基本的手机与互联网操作技巧就可以在新媒体平台发布信息。新媒体平台较低的门槛、相对简易的信息发布流程以及多元化的互动方式更容易得到农民的支持和青睐，这不仅对农产品市场营销帮助很大，同时也使新媒体平台在农村地区的影响力迅速扩大，有利于扩大农产品市场的销售规模。

3. 实时竞价广告增大了品牌影响力

随着"互联网+"时代的到来，当今的产品营销模式发生了全球性的变化，产品营销水平不断提高。在此背景下，针对特定农产品采用互联网营销方式，有助于人们更广泛地了解特定农产品的特性，从而激发人们的销售兴趣。但与此同时，考虑到各类农产品网络营销方式的发展，仍存在一些影响产品营销的弱点。实施科学的营销策略。网上销售特色农产品，促进农村经济发展。

在这个人类购物的时代，网上购物是主要方式，因为电子商务的存在让产品零售商突破了传统的时间和空间限制，人们足不出户就能买到商品。此外，在"互联网+"的框架下，人们的饮食方式发生了巨大变化，网民数量不断增加。在此背景下，特色农产品需要转变营销方式，向网络营销转变，以满足广大群众的需求，保障农产品市场的长远发展。

然而，在线销售专业农产品存在挑战。农村基础设施的发展正在下降，与大城市的互联网接入水平相比，农村的互联网接入水平只有大城市接入水平的一半。但作为农产品来源地，农村互联网接入水平无法满足营销需求；对网络营销的无知和互联网技术的不断推广，使农村居民对农业实践非常熟悉。但由于缺乏信息和主动性不强，一些地区的典型农产品营销继续倾向于使用传统的交易方式。此外，农产品贸易虽然有很多好处，但农产品贸易的限制更多。在某些农产品生产过程中，受天气、地域等因素的影响，很难关注具体的农产品和特点。

对此，网络结构需要加强，农民需要对网络营销有更多的了解，最重要的是，他们需要能够构建更多的农产品特色。如何区分多品种的特定农产品？在农产品网络销售过程中，企业和农户在保证农产品质量的基础上开展品牌营销，充分认识品牌营销的重要性，树立以品牌营销为重点的相关意识，实施本土化营销。提高对农产品指标的认识，增加对农产品和特征的影响。

互联网的发达，各种各样、各具特色的菜谱都能在网络平台上搜索到。在这一情境下，消费者对于食材的需求也是多种多样的，其中特色农产品更具吸引力。当消费者浏览了大量的做饭视频，大数据就会对其进行分析，通过算法推算消费者所需购买的食材，从而对其进行精准投放。在建立好品牌的基础上，实时竞价广告不失为一种好的营销手段。其具有精准定位用户、跨屏展示的功能。这一模式对于特色农业的发展具有助推作用。

第五节 农产品品牌形象建构缺失的原因

1. 国内农产品品牌建设现状

党中央、国务院高度重视"三农"问题，1982~2021年共发布23份文件，把农村农业走向现代化作为发展目标，全面推动乡村振兴。从近几年关于品牌的相关内容的文件来看，国家大力倡导建设一批优质、绿色的"土字号""乡字号"特色农产品品牌。这对我国特色农产品的品牌建设提供了强有力的支撑。目前，我国农产品品牌发展的现状如下：

第一，高品牌农产品越来越受到人们的青睐，而近年来，对人类生活质量的保护意识也在不断地提升，在人们享受舌尖美味的同时，我们在选择食品上也不仅仅是关心能否充饥，更关键的是如何食用得好，吃得卫生，所以人们对农产品安全性的重视程度也越来越大，尤其是由于新闻媒体对不健康产品的大量披露，这些事故都给人类的身体健康造成了隐患，也使人们在选择农产品时会更加注重是否为绿色的原生态，以便降低健康风险，从而更倾向于选择拥有良好信誉的国际名牌农产品。实际情况是中国农作物种类仍然多样，但特色农业的规模少，品种优势不够，同质化问题严重，对外竞争力也较弱，还不能形成国际名牌。

第二，由于中国拥有大量的农产品资源优势，对优质农产品市场需求也不断提高，自改革开放 40 余年来的农业开发与实践使中国农产品生产技术有了质的提升，农产品也更加丰富多彩。根据中国农业农村部发布的数据，我国食品总产量已由 1978 年的 30475 万吨增长到 2019 年的 66384 万吨，2020 年粮食产量依然保持着强势增长，已经超过了 66949 万吨，而且中国对优质农产品的需求量也不断增加，而巴西则是国际上非常重要的农业输出国，在 2018 年和 2019 年将分别成为我国的第一大农业自由港，同时优质农产品也十分丰富，包括咖啡、大豆、牛肉等。

第三，中国农业品牌建设得到了大力支持。农产品品牌得到了地方政府部门的关注和人民群众的普遍重视，由中国农协会组织发起的"强农兴邦中国梦名牌农村国家行"的行动自 2013 年至今陆续到祖国各地弘扬农产品名牌精神，培养了我国众多村民和农企的农业品牌能力。持续地增加农产品的附加值，树立农产品特色的名牌，创造农产品的名牌价值，是实现中国农产品现代化的重要因素。

2. 国内农产品品牌建设存在的问题

（1）知名农产品品牌数量较小，市场知名度低，近年来，农业名牌发展已经引起地方政府部门的广泛关注和人民群众的普遍重视。但是多数产品的市场吸引力还很弱，国内外和全球著名农业品牌数量稀少，所以还没有建立起现代化农业名牌管理体系。湖南省内及其附近地区都家喻户晓的品牌，由于宣传手段单一，产品创新不足，所以影响范围难以覆盖全国，知名度也大打折扣。2020 年 BrandZ 公布的世界最具影响力的百大企业，尽管在我国企业上榜的数量比上年上升了两位，但在美国上榜的产品却占据大半江山，这也表明了我国的产品实力在全球中依然处在劣势。

（2）农产品精深加工技术不强。长期以来，我国名优农产品的总量偏低，究其原因，我国农产品在生产、加工及销售过程中的科技含量低是主要原因之一，农产品的风味、质地等提不上去，专业技术存在人才缺乏和技术设备短缺的问题。这与传统的小农经济思维有很大的关系，存在分散经营，满足于自给自足，导致农产品品牌核心竞争力不强。

（3）人才紧缺，品牌维护意识差。乡村要振兴，人才是关键，但在乡村振兴的道路上专业化人才短缺的现象非常明显。周霞（2018）在研究江西省泰和县实施乡村振兴战略问题时发现，2017 年全县农村劳动力中，初中及初中以下文凭的劳动力占据全县农村劳动力的 70%。所以专业人才紧缺，难以满足乡村振兴的需要。因此，要加强对农民的宣传引导，提升农民的眼界与认知能力，充分发挥农民的主体作用。党的十九大报告在乡村振兴战略中明确强调要完善农村网络基础设施，拓展培育新型职业农民的渠道，要让他们懂技术，会经营、善管理，就要对农民进行现代化教育，农产品品牌的建设需要农民亲自参与进来才能达到更好的效果。

（4）相关部门支持力度不大。农业是受自然环境影响较大的经济部门，由于农产品收益低、风险大，所以要实现农业的品牌化发展，资金和政策两方面的扶持缺一不可。除直接的资金支持不够之外，我国多数地方农产品质量监督、农业信息化建设、区域品牌推广与维护、优秀涉农人才引进等方面的政策有待完善。

（5）品牌宣传和推广手段落后。目前，农产品品牌的推广仍存在一些问题，首先，农产品品牌的推广渠道有待拓宽，传统的推广手段过于单一，主要是线下来进行推广，如农业博览会等，然而，在线下销售渠道严重受阻的情况下，如果不能拓宽推广渠道，将导致大量农产品滞销。其次，品牌宣传的传播媒体选择不充分，多数企业仅侧重于在传统媒体做广告，宣传手段不新，不利于品牌的推广。

（6）农产品品牌质量标准与监管体系不完美。我国农产品品牌标准体系还未实现标准化。一方面，质量标准低，虽然国家非常重视农产品品质的标准化，但是由于专业技术人才的紧缺与设备的不足，所以效果并不理想；另一方面，标准执行不到位，国家标准与地方标准之间既有交叉重叠的部分，也有缺失的部分，在执行过程中未能很好地协调不同标准之间的问题。

3. 实时竞价广告对特色农业品牌形象建构的作用

广告作为市场营销信息沟通的最广泛、最有效的方式，已成为现代企业竞争的最有力的武器。在市场营销中，广告不仅能把企业的产品或劳务的性能、规格、质量、用途、使用知识等传递给消费者，而且能吸引消费者对某种产品或劳务的认识，引发他们的购买欲望。同时广告在促进竞争、指导消费、美化和丰富人们的文化生活等方面起着巨大作用。正如广告大师奥格威所言，每个广告都是对某一品牌形象的长期投资。

以大数据和互联网平台为依托的新型广告媒体也通常凭借自身特殊的媒体特点以及技术优势把广告传播的受众市场由"大众"到"分众",再到"个众"的大变局进行细分,通过技术手段精准地捕捉和定位个体用户,进行精准化、实时化、个性化的广告投放,向特定的个体用户传播极具针对性的广告,提升广告传播效果,从而推动"品牌营销"到"效果营销"的转型。如亚马逊网站使用了推荐营销机制系统,针对大数据收集到的特定用户,从网站首页的商品展示推荐到进入购买商品的界面详情,直到下单结算的整个网上购买环节都进行个性推荐,其销售转化率高达 60%。

而基于实时竞价广告的精准定位消费者的效果,可以搭建起农产品销售的平台,借助 RTB 广告强大的交易系统,实现农产品的精准销售,获取用户心智。

打造农产品品牌还能加快相关产业的发展效率。其一,农产品品牌的加工、生产方面需要用到许多产品,如塑封袋、定制包装盒、快递箱等,农产品的销售量增加能够提高这些产业的发展,使相关的各个产业共同向前,加快发展效率。其二,从前的农产品都只是被动营销,客流量较少,许多农产品更是无人问津,建立农产品品牌营销,能够将农产品的名号打响,化被动为主动,将产品品牌宣传出去,让更多人了解并购买。其三,通过品牌的塑造能够更好地满足消费者的需求,并提升产品的质量、产业的管理水平以及技术等,以此提升相关产业的发展效率和对市场的反应速度。

4. 消费者生活方式改变

【品牌案例】

说起国内坚果巨头,就不得不提三只松鼠了。这个品牌于 2012 年在安徽省芜湖创办,是一个以开发、售卖坚果类为主的网络产品平台。2020 年上半年,三只松鼠就实现营收 52.52 亿元,同比增长 16.42%。从零到百亿元,三只松鼠共花了七载时光。

(1) 电商时代的全力助攻。

得益于传统电子商务红利期,三只松鼠公司得到了快速发展。但如果把

其业务的表现单纯归功于此，就很显然并不全面了。在 2014～2016 年的传统电子商务红利期逐步消失后，由于线上总收入的增长趋缓，未来具有线上线下全通道格局的新公司也将锋芒渐露。三只松鼠公司不断实施全面管道规划，线下通道发展加速。目前，三只松鼠公司的线下专卖店（投食店、联盟小店）已遍及大半个中国，逐步深入大中城市的核心商业区。并已最终走向了下沉领域，与国际主导的电商网络平台、社区电商、阿里国际零售通网络平台、团购等通道，一起构建了企业的全管道行销模型。

其中，松鼠投食馆将以松鼠 IP 的产品形象为基础，建立松鼠和主人交互的线下生活体验环境；松鼠加盟小店，是三只松鼠公司旗下的大型零售赋能创新平台，通过自己的 IP 联盟、业务同盟、大数据同盟形成了一个传统加盟的存在，通过实现"一站式"赋能的平台，向数字化服务，创建"松鼠小店App"，共同打造商品和信息服务的平台。

（2）品牌 IP 化的深度建设。

作为以坚果为核心产品的三只松鼠，在品牌 IP 化上可谓下足了功夫。在互联网高速发展、电商品牌飞速崛起的 2013 年前后，坚果市场不乏实力强劲先行者，作为挑战者，为何可以通过品牌 IP 化迅速打响品牌知名度、多次拿下天猫双十一坚果类销量冠军？

（3）强记忆度与独特性。

可以说三只松鼠的品牌命名就是打造品牌 IP 的第一步，从品牌名衍生的 IP 形象不仅具备极强的识别度和记忆度，更是与其产品（坚果）形成很强的关联，让消费者看到 IP 的第一眼就形成记忆和识别。

（4）高落地延展。

设计好了一个品牌 IP，然后建模制作、摆放在品牌商铺门口/线上平台是很多品牌方 IP 的最终落地形式，姑且可以称作"吉祥物式"IP，缺乏落地延展的 IP 往往无法在消费者心中形成有效记忆。

（5）高持续输出。

作为"品牌实力代言人"的三只松鼠形象在完成品牌认知度和信任感建

立的任务后，并非仅沦为一个成为消费者识别和观赏的吉祥物。相反，三只松鼠进一步以 IP 为基础拓展其他业务模式。

从互联网品牌的出现和成长，到线下产品形成，再到文化产业的松鼠小镇扩张，以及三只松鼠这支 IP 的持续衍生。但随着品牌的竞争日益激烈，信息流量成本的日益增加，对一个想要与年轻消费者对话的品牌而言，三只松鼠 IP 之路无疑是一个成功的范本。

资料来源：根据《天猫坚果销量第一的三只松鼠，如何成为互联网零食收割机?》《三只松鼠成功上市重要的成功因素有这两个，不容忽视!》等材料总结汇编而成。

一个好的品牌能够吸引众多消费者的消费，消费者对于一个好品牌会一传十、十传百的宣传，自发地建立起一个农产品品牌网络效益，这就能够将农产品的品牌打响，有效地吸引顾客，并提升消费者对产品的依赖性。而消费者的心理是很难预测的，购买什么样的产品也是具有许多不确定性的，所以农产品只有做好自身品牌的宣传，培养出具有农产品特色的、让人眼前一亮的品牌，才能够吸引消费者，甚至改变消费者的生活方式，创造出属于自己品牌的独特点。

第六节　农产品产业品牌形象构建方法及作用意义

农产品是指农业中生产的物品，来源于农业活动，是在农业活动中获得的，包括谷物类、禽畜类、油籽类、乳品类等。其具有以下特点：

1. 品种繁多、数量庞大

我国是农业大国，耕地面积极其广大，而且具有历史悠久的农耕文明，因此我国农产品数量也极为庞大，品种也十分丰富多样。

2. 地域性

农作物的生长依赖于土地，我国各地的气候、土壤、温度、光照等条件都会对农作物的生长产生极大的影响，因此我国农产品表现出地域性的特征。

3. 季节性

"春种秋收"是我们耳熟能详的词语，很显然"季节性生产"是农作物的典型特征，在农作物的种植规律中，表现出了明显的季节性特征。

4. 波动性

地域、气候等自然条件都会影响农产品的生长，农产品产量、供求关系、农业产业政策、国家收储政策等也会影响其价格。因此，农产品的价格及供求关系具有一定的波动性。

农产品为人们的日常生活提供了保障，不可否认的是，我们的日常生活离不开农产品。互联网的发展促进了消费者购买渠道的多样化，各种互联网平台都可以购买农产品。同时网民数量的庞大为网络销售提供了用户基础，中国互联网络信息中心发布的第 49 次《中国互联网络发展状况统计报告》显示，截至 2021 年 12 月，我国网民规模达 10.32 亿，互联网普及率达 73.0%。与传统渠道相比，网上购物更加便捷，消费者足不出户即可购买到心仪的产品，商家还可以提供送货上门服务，为购物节省了大量时间。

这些年来，党中央对"三农"问题也越来越重视，致力于农村农业发展的建设，推动乡村振兴。近几年国家颁布的相关文件显示，国家大力倡导建设一批绿色、优质的"土字号""乡字号"特色农产品品牌，[①] 这为我国农产品的品牌建设也提供了强有力的支持。

在农产品品牌形象的构建中，可以使用实时竞价广告帮助农产品进行品牌形象的构建，实时竞价广告可以利用较少的广告资源的同时达到较好的广告效果，不仅节约了广告成本，还可以实现广告的精准投放。

实时竞价广告可以通过大数据的计算和挖取将相应的广告投放给有更大机会购买的人，无论是社会身份还是生活条件都是影响购买决策的条件。因此，实时竞价广告的特点可以帮助农产品广告用最少的资源进行最精准的投放，达到最好的广告效果，这对农产品品牌形象的构建具有促进意义。

农产品品牌形象可以通过以下几步进行构建：

（1）进行农产品的品牌形象塑造。

---

① 赵迪．"一县一业"视域下特色农业品牌建构对策研究［D］．中原工学院，2011.

农产品具有地域性、季节性等特征，这也就意味着农产品具有较高的辨识度，可以利用农产品的特点着力对农产品进行宣传，打造独特的农产品品牌形象，如新疆的大枣、烟台的苹果、信阳的茶叶等，充分发挥地域性的特征，着力宣传该地农产品的独特性。

（2）打造品牌识别系统。

打造品牌识别系统的目的在于建立一个独特的品牌形象，实时竞价广告属于互联网广告，因此可以重点建立视觉识别系统。通过广告的图片、动画、声音、特效等传递该农产品的形象，进而打造农产品的品牌形象。

（3）建立品牌形象组合。

不同的宣传方式会带来不同的传播效果，运用适合农产品的营销方式组合可以让消费者更好地记住该产品，从而达到更好的传播效果。

（4）进行品牌形象传播。

互联网的发展使传播途径更加多样化，但是在传播过程中要始终坚持"一个观点、一个声音"的原则，保持品牌形象的统一性，以达到传播一致性的目的。

（5）进行品牌形象监控。

良好的品牌形象不仅需要构建，而且需要维持，进行品牌形象监控可以了解该品牌在消费者心中的形象，对负面形象及时进行挽救，对正面形象进行监控，有助于品牌更好、更长久地发展。

农产品品牌形象的构建和维护是必须要做的，实时竞价广告可以助推农产品品牌形象的构建，对农产品的发展具有积极意义。

参考文献

［1］IUD 领导决策数据分析中心 . 2016 中国大数据发展报告［J］. 领导决策信息，2016（12）.

［2］阿兰·阿皮诺 . 不确定性理论与多传感器数据融合［M］. 郎为民，译 . 北京：机械工业出版社，2016.

［3］陈刚，等 . 创意传播管理——数字时代的营销革命［M］. 北京：机械工业出版社，2012.

［4］陈培爱 . 广告学概论［M］. 北京：高等教育出版社，2004.

［5］戴鑫 . 新媒体营销——网络新视角［M］. 北京：机械工业出版社，2018：190.

［6］邓晓芒 . 作为"大科学"的人文科学——一种"正位论"的思考［J］. 哲学分析，2016，7（2）：111-119+199.

［7］丁敏 . 基于网络直播的农产品品牌建设研究［J］. 南方农机，2022，53（4）：106-108.

［8］冯桂，周林 . 信息论与编码［M］. 北京：清华大学出版社，2016.

［9］蒋洛丹 . 大数据时代的广告与营销嬗变之路［M］. 北京：经济管理出版社，2018.

［10］蒋雪湘 . 中国图书出版产业组织研究［M］. 长沙：湖南大学出版社，2010.

［11］科沃·托马斯 . 信息论基础［M］. 阮吉寿，译 . 北京：机械工业出版社，2008：104.

［12］李丹丹，沙璐，侯润芳．2016 年中国 GDP 增速 6.7%［N］．新京报 2017-1-21.

［13］刘艳春，孙博文．基于广告主的搜索引擎 广告收益优化模型构建［J］．辽宁大学学报（自然科学版），2013（5）.

［14］吕尚彬，权玺．构建中国广告产业发展"雁行"模式初探［J］．江淮论坛，2016（5）.

［15］马二伟．大数据时代广告产业优化研究［J］．国际新闻界，2016（5）.

［16］马克．布尔金．信息论［M］．王恒君，译．北京：知识产权出版社，2015.

［17］牟秋菊．产业扶贫衔接乡村产业振兴探析［J］．安徽农业科学，2022，50（5）：237-239.

［18］尼可里斯．探索复杂性［M］．成都：四川教育出版社，2010.

［19］普里戈金．从混沌到有序［M］．曾庆宏，译．上海：上海译文出版社，2005：48，114.

［20］尚豫新．新疆特色农产品区域品牌建设研究［D］．山东大学，2019.

［21］邵培仁．媒介管理学［M］．北京：高等教育出版社，2010.

［22］苏高．大数据商业时代的营销与商业分析［M］．北京：中国铁道出版社，2014.

［23］唐绪军．新契机 新机遇 新挑战——中国新媒体发展的新趋势［J］．教育传媒研究，2016（4）.

［24］威凤教育．数字媒体运营方法与实务［M］．北京：人民邮电出版社，2020.

［25］邬盛根，王岳桥．RTB 广告的观念决定论［J］．广告大观（综合版），2013（12）.

［26］徐腊梅．基于乡村振兴的产业兴旺实现路径实证研究［D］．辽宁大学，2019.

［27］严安．基于 UTAUT 百度产品用户使用行为影响因素研究［J］．现代情报，2012（11）.

［28］俞燕．新疆特色农产品区域品牌：形成机理、效应及提升对策研究

［D］. 华中农业大学，2015.

［29］赵迪.“一县一业”视域下特色农业品牌建构对策研究［D］. 中原工学院，2021.

［30］中国互联网络信息中心. 第 49 次中国互联网络发展状况统计报告［R］. 2022.

［31］周霞，康方健，罗善平. 泰和县实施乡村振兴战略存在的问题及对策［J］. 基层农技推广，2018（11）.

后　记

　　本书从着手纂写至出版历时四年，这四年我国的广告产业发生着巨大的变化，我个人在写作这部专业书籍的过程中，也经历了人生的重要时刻，虽然辛苦而忙碌，但是也收获颇丰。在这四年中，我结项了国家社会科学基金青年项目"大数据背景下实时竞价广告运作机制研究"（项目编号：15CXW037），申请并获立项河南省教育厅2022年度河南省高等学校哲学社会科学研究重大项目"千年大运河品牌形象的原生广告传播策略研究"，获2019年"河南省高等学校青年骨干教师"称号，并同时承担我校本科生及新闻传播专业硕士研究生"数字媒体营销与运营"等六门课程的教授工作，培养了三届共五名新闻传播专业硕士研究生。时光飞逝，岁月无痕，教师的使命感、荣誉感、责任感始终影响着我、激励着我，每天走上讲台为讲台下的莘莘学子传授知识的时刻就是我最幸福的时刻。

　　在这四年中，我也经历了人生的重要时刻，诞育了一对双胞胎女儿，我一下成为三个女儿的妈妈，看着女儿们从嗷嗷待哺到咿呀学语再到蹒跚学步，虽然同时哺育两个幼儿异常辛苦，但是心里的幸福感是无法用语言来形容的；正如培育学生一样，看着学生们从入学时的小树苗长成大学毕业时苗壮有力的大树，作为一名教师和母亲，所倾注的感情是一样的诚挚而热烈，真诚而无悔，无私而深情。同时我也感谢我的女儿们，为我增加了多姿多彩的生活乐趣，她们是我工作和学习的动力。每天在单位给学生授课，在家里看着孩子们成长，这是我这四年最大的幸福。

　　感谢我的父母，虽然家里添了两个孩子带来了许多快乐，但是也多了辛苦与劳累，照顾和看护的重大任务就落在了我的父母身上，为了让我有更多的精力投入学习和工作中，他们放弃了退休后休闲的养老生活，不辞辛苦照顾和看护孩子，使我可以全身心投入到学习和工作中去，为我解决了学习和工作的后顾之忧，感谢我的父亲、母亲，父恩天高，母恩难报，你们是最伟大的人。

感谢我的导师——郑州大学新闻与传播学院的颜景毅教授。颜教授在广告专业领域的研究成果丰厚，桃李满天下，广告业内很多具有突出贡献的广告实业领袖都曾经是颜教授的学生，颜教授为我国广告教育事业做出了巨大的贡献。他良好的专业素养以及对学生们的谆谆教诲和关爱呵护，成为学生们心中"永远的神"，我也为曾经是颜教授的学生而备感自豪。教诲如春风，师恩似深海，我永远记得您在我人生路上的重要指引，我将把您对我的这份指引化为工作和学习的动力，踏着您的足迹，在专业学习中不断更新进步，在学生培养中不断提升自身的修为，为我国的教师事业贡献毕生，也衷心祝愿我的导师颜教授健康长寿、万事如意、工作顺利、家庭幸福。

感谢我的先生杨新贺，他在政府机关单位工作，负责政府和人民群众的信访工作，每天的工作任务是保障人民群众和政府相关职能部门的有效沟通联系，保证人民群众的诉求和心声可以准确无误地反映到政府职能部门，并进行积极的反馈与行之有效的执行。这个工作任重而道远，责任意义重大。虽然每天的工作千头万绪，但是我的先生在圆满完成工作的同时，还是会尽量抽出时间来陪伴我和孩子们，见证孩子们的成长与进步；在空闲的时间，尽心照顾家庭，并对我的工作和学习时时关心和支持。感谢我的先生，有了你的支持和理解，我会以更加积极的态度全身心投入学习和工作以及培养学生的重任中。

感谢我的研究生学生们，虽然我校的新闻传播专业硕士从 2019 年到现在只培养了三届，但是我的学生已经有了五名，他们是开门大弟子 2019 级陈仕奇，2020 级常瑞祥、2021 级张毓琦、张孟月和朱依依。感谢仕奇对本书调研工作的积极支持，从问卷分发到数据采集分析，仕奇事无巨细，认真而专业；感谢毓琦、孟月和依依对我的支持，她们完成了文献搜集的工作，并经常积极地和我进行讨论，为我写作本书提供了很好的思路和创意，感谢你们。

感谢我的单位河南财经政法大学文化传播学院，一路走来，领导们对我极大的支持推动了我的成长与进步，也为我能够积极投身教育事业和完成专业精进提供了丰富的平台资源。感谢河南财经政法大学，感谢文化传播学院，感谢一路指导我进步的领导和同事们，衷心祝愿你们身体健康、万事如意、工作顺利、家庭幸福。

最后感谢我们伟大的祖国和伟大的时代，是祖国和这个时代造就了我们每一个人，让我们可以在繁荣昌盛的国家和日新月异的时代浪潮中，充分挖掘和发挥自己的潜力和能力，让我们可以实现自己的梦想、实现自己的价值。

蒋洛丹

2022 年 10 月 1 日